走近版本之江南篇

江老年电视大学 杭州国家版本馆◎编

中国版本

杭州出版社

图书在版编目（CIP）数据

走近版本之江南篇 / 浙江老年电视大学，杭州国家版本馆编 . -- 杭州 : 杭州出版社，2024. 7. -- ISBN 978-7-5565-2537-9

Ⅰ . K203-49；G256.22-49

中国国家版本馆 CIP 数据核字第 2024AC1700 号

ZOUJIN BANBEN ZHI JIANGNAN PIAN

走近版本之江南篇

浙江老年电视大学　杭州国家版本馆　编

责任编辑　杨　凡
责任校对　陈铭杰
美术编辑　王立超
出版发行　杭州出版社（杭州市西湖文化广场 32 号 6 楼）
电话：0571-87997719　邮编：310014
网址：www.hzcbs.com
印　　刷　浙江全能工艺美术印刷有限公司
开　　本　710 mm×1000 mm　1/16
印　　张　8.25
字　　数　104 千
版 印 次　2024 年 7 月第 1 版　2024 年 7 月第 1 次印刷
书　　号　ISBN 978-7-5565-2537-9
定　　价　36.00 元

序

版本可以是一种书籍的不同抄本、印本，也可以是同一事物的互有差异的各种形式、状态或内容。中华五千年文化博大精深、薪火相传，版本始终承载传递着文明的强大基因，是我们辉煌灿烂文化的呈现形式。不同时代，不同地域，催生出不同的版本形态。江南作为长江流域中华文明发源地的核心地带，以及古代经济文化长期繁荣发达的地区，版本文化源远流长、体系完备。

本书以杭州国家版本馆“文献之邦——江南版本文化概览”展览大纲为基础，尝试阐述新时代的版本概念。以此为统领，抓住最能体现江南地区历史文脉、人文气息的版本类型——文献，全面梳理文献版本相关内容，进行相对系统而简要的介绍。同时选取相关的经典版本，特别是体现江南特色的版本进行介绍与赏析。

在本书的概述中，主要介绍了传统的“版本”概念及其演变过程、中外版本文化的发展史、版本形态的多样性等基础内容，并界定了本书中所涉及的“江南”概念。

本书主体共分为四个部分：版本源流、版本内涵、版本生成与典藏、版本技艺与审美。

第一部分“版本源流”，主要按照版本载体的演变过程，把版本文化划分为五个阶段：一是以刻符、纹饰、器形为主的史前时代；二是以金石文字为主的铭刻时代；三是以简、牍、帛、纸为主的书写时代；四是以雕版印刷为主的版刻时代；五是以机器复制与数字储存为主的近现代版本时代。五个时代既相互承接，又各具特色，总体呈现出版本载体越来越多元、内涵越来越丰富、传播越来越广泛、对社会生活影响越来越深远的历史趋势。

第二部分“版本内涵”，主要介绍传统版本学中按照内容分类的集大成者——“经、史、子、集”四部分类法。在漫长的探索实践中逐渐形成的四部分类法，基本可以囊括中国古代的所有典籍，成为中国传统典籍科学合理、应用广泛的分类方法，《四库全书》就是按照这个分类法编纂的。这部分遵行“四部”法则，以版本文化为视角，对经部元典、史籍文献、诸子百家、诗赋文集四个专题的历代江南典籍作一次巡览。

第三部分“版本生成与典藏”，主要介绍文献版本生成、传播、利用、收藏，乃至再次丰富、不断循环壮大的过程，以动态的视角去看待文献版本的鲜活生命历程。在这一部分，还特别介绍世界上古代最大的类书《永乐大典》和最大的丛书《四库全书》的精彩故事。

第四部分“版本技艺与审美”，主要介绍中国书籍制作两大技艺——雕版印刷术和活字印刷术，以及与之相关的“文房四宝”制作技艺。文献版本不单单是记录传递信息的载体，其本身也是中式美学的体现。版本技艺的鼎新是审美提升的内在要求，反过来又推动了文献版本艺术性的大幅提升。

附在最后的“中华版本传世工程概况”介绍了国家版本馆的使命与定位、“一总三分”布局的意义及杭州国家版本馆内容建设与场馆建设的情况。

本书由浙江老年电视大学负责编写，其间得到了浙江大学古籍研究所中国古典文献学教授方建新、浙江省联合出版集团顾问胡小罕、浙江图书馆古籍部主任陈谊等专家的悉心指导，专家们在框架搭建、提纲梳理、章节设置及学术严谨性的把握上都给出了许多宝贵意见。同时，杭州出版社同仁也对本书的编写给予了诸多支持与关心。在此，谨对诸位专家和同仁的帮助深致谢忱。

版本文化的研究、展示、宣传工作任重道远，目前尚在尝试阶段，其中的疏漏在所难免，敬请读者不吝指正。我们希望通过此教材，使各届人士特别是老年朋友们对我国版本文化增进了解，产生更多兴趣，进而为版本文化的传承和传播发挥作用。

目 录

第二部分　版本内涵

第三部分　版本生成与典藏

第四部分　版本技艺与审美

附　中华版本传世工程概况

概述

· 版本的概念与类型

第一章　版本的概念与类型

版本，原指同一书籍的不同写本、印本，后泛指同一类事物在不同介质上的呈现形态。如先民的某一类刻符，《诗经》的某家解说，《兰亭序》的某个摹本，杜甫诗集的某个刻本，《共产党宣言》的某个语种译本，某个窑系中的一款梅瓶，某地年画里的关公形象，一个文档的每一次保存……都是各个领域、各种主题的具体版本。而每一种版本背后，又蕴含着深厚的历史渊源与丰富的时代信息。因此，版本是记录人类文明进步、见证社会生活变迁的丰富的物质载体。

第一节　传统版本学

一、传统版本学

学界历来对版本学的定义有不同看法，常常将其与“文献学”“目录学”“校勘学”等相关联，简单来说，我们可以把传统版本学认为是研究版本源流与流传、描述版本特征与差异、鉴定版本真伪与版别的学问。

中国古籍版本学源远流长，有学者认为，早在先秦时期就有了版本学的萌芽，出现了“同书异本”的比较研究。至西汉时，刘德提出了“善书”的概念，第一次从内容、字体、年代和著者等方面提出了选书优劣的标准。成帝时，刘向、刘歆父子受命整理国家藏书，撰成《别录》和《七略》，可谓版本学之滥觞。至北宋中期以后，雕版印刷渐趋成熟，成为书籍生产的主流方式，也就促成了古籍版本学的正式确立。

二、版本概念的演变

版本，传统上一般指“古籍版本”，其本意是雕版印刷形成的书板，亦作“板本”。至宋代，正式出现“版本”二字，专指雕版印刷出来的本子。之后，版本的概念开始扩大，不只局限于雕版印刷的书籍，而是指同一书籍的不同抄本、印本。如今，版本的概念被赋予更广泛的含义，进一步用来指代同一类事物在不同介质上的呈现形态。可以看出，版本概念的演变特点，始终突出“同一类”这一内涵，以更新颖、更广泛的视角去审视文化。

三、江南版本文化的特点

何处是江南？因时代变化、领域不同，其具体所指莫衷一是。为叙述方便，本书大体以今天行政区划中的华东地区作为江南的界限，同时适当辐射长江流域。

江南版本文化作为江南文化的重要组成部分，除了其自身鲜明的特点外，也具备江南文化的共通性。

江南地区地理环境复杂，既有漫长的海岸线，又有富饶的平原地区，还有绵延不绝的大片丘陵地区；这里是吴越原住民的聚居地区，也在历史上多次北人南迁的影响下形成了大片移民侨居地区，直到南宋时期，这种中国经济文化重心的南移进程才最终完成。总体来讲，江南地区经济发达、物阜民丰，各行各业在此得到了极大的发展，催生出丰富多彩、特色鲜明的文化。

崇文重教是江南历来的文化传统。崇文是指尊崇文化，注重文化的传承和发展；重教则是强调教育的重要性，注重教育的普及和提升。江南地区文教发达，人才辈出，巧匠云集，书业活跃，版本资源丰富。

第二节　版本的主要类型

一、中华典籍

中华文明源远流长，是世界上唯一没有中断过的优秀文明，其中典籍的贡献功不可没。作为文明最主要的载体，典籍承担着记录、传播、传承文明的重要作用。

典籍内容丰富多彩，形态包罗万象，其中最重要的组成部分包括古籍、民国文献、现代出版物等。

古籍主要指书写或印刷于 1912 年以前，反映中国古代文化，具有中国古典装帧形式的书籍，包括金石碑帖拓本、简牍帛书、敦煌吐鲁番文书等写本、唐宋以来雕版印刷品等；民国文献指从 1912 年至 1949 年这一时期形成的各种知识和信息的载体；现代出版物指 1949 年中华人民共和国成立后正式发行的出版物，包括图书、报纸、期刊、音像制品、电子出版物、网络出版物、互联网游戏出版物、虚拟现实出版物等。

其中，古籍具有重要的价值，主要包括：

文献价值，作为研究古代社会的重要材料，古籍保留了丰富的史料，是了解和研究古代历史文化不可或缺的资料。

艺术价值，古籍中书写、绘画雕刻精美，印刷技艺精湛的版本，如精写本、精刻本、套印本、木刻水印版画等，具有较高的艺术价值。

文物价值，古籍属于纸质类文物，其纸质、墨迹、印刷技能、装帧水平等方面都反映了历史上不同时期的文明程度。

精神价值，古籍是中华优秀传统文化的重要载体，对于坚定文化自信、传承民族精神具有重要作用。

二、外国典籍

（一）早期文字的诞生

人类最早的文字是楔形文字，由苏美尔人创造，约产生于公元前 3200 年。

象形文字，由埃及人发明，约产生于公元前 3000 年，用修剪过的芦苇笔写在尼罗河流域湿地出产的莎草纸上。

腓尼基字母，由西亚地区的腓尼基人在楔形文字的基础上发明，由 22 个字母组成，是世界上最早的字母文字。

（二）册籍的诞生

册籍由小亚细亚的帕加马国发明，书写在羊皮纸上，因为羊皮纸比莎草纸要薄又结实得多，而且能折叠并可两面记载。公元 3—4 世纪时，册籍形式的书成为主流。

（三）书籍的诞生

公元 1 世纪左右的欧洲文化传播主要还是依靠口耳相传，使用书写传播的多是僧侣们，借以传抄各种宗教类著作。到了公元 6 世纪，鹅毛笔开始普及，代替芦苇笔成为新的书写工具，大大提高了书写速度和质量。

与此同时，书籍的装帧也得到了发展。书籍封面起着保护、装饰的作用，材料多用皮，有时配以金属的角铁、搭扣，使之更加坚固，更有甚者以各种宝石作为装饰，非常精美，堪称艺术品。

（四）印刷术的出现

公元 12 世纪，中国的造纸术传入欧洲；公元 13—14 世纪，中国的雕版印刷术传到欧洲。这些都日渐促进了西方印刷技术的诞生。1450 年前后，德国的美因茨地区，一位名叫谷登堡的人发明了图书制造的革命性技术——铅合金活字版印刷术，并配套发明了手摇式印刷机及专用油墨，还制定了全套印刷流程。1454—1455年，谷登堡排版印刷了《四十二行圣经》，堪称是铅活字印刷的里程碑。

（五）近现代印刷术的出现

铅印凸版印刷虽然给书籍印刷带来了便利，但工艺繁复，且主要适用于文字排版，对于彩色图画等有很大的局限性。欧洲后来又不断出现多种印刷工艺，主流的有平印、凹印、丝网印，以及从凸印分化出的柔性版印刷（旧称苯胺印刷）及无压力印刷等。

三、版本形态的多样性

随着时代的发展，版本形态逐渐丰富起来。我们将古今中外载有中华文明印记、文字符号、文脉信息的有历史文化传承价值的资源都纳入版本范畴，主要包括中华古籍、甲骨简牍、革命文献、宗教文献、碑帖拓片、方志家谱、雕版印章、档案文书、影音影像、现代出版物等十大类。除了前面提到的古籍、民国文献、现代出版物，主要还包括：内部资料，指本单位、本行业、本系统用于指导工作、交流信息的非卖性单本成册或连续性折页、散页的印刷品；民间版本，如电话卡、门票、宣传画、海报、证章等现代印刷品；金融版本，包括钱币、粮票、布票、肉票等票证，签批侨汇等；工业版本，主要指反映企业发展的各种档案……这些版本与我们的学习、工作、生活息息相关，种类庞杂、数量巨大，往往不受重视，但它们不仅反映了一个时代的风貌，也是每个人一生经历的见证，是当今社会发展的直接记录，应该有意识地加以整理、收集、保存。

第一部分　版本源流

·史前时代的版本·铭刻时代的版本·书写时代的版本·版刻时代的版本·近现代的版本

第二章　史前时代的版本

我国考古发现的重大成就，展示了中华文明起源和发展的历史脉络，从侧面实证了我国百万年的人类史、一万年的文化史、五千多年的文明史。

遍布江南地区的新石器时期文化遗址，是中华文化的重要组成部分。这些古文化遗址中出土的器物，在器形、纹饰图案、刻划符号等方面所展现的版本特征，带有中华文明的印记。其中，刻划符号对于中国文字的起源意义重大。

第一节　上山文化

一、上山文化

上山文化是目前所知长江下游地区最早的一支新石器时代考古学文化，距今约 11400—8500 年，主要分布在钱塘江上游的金衢盆地及其周边地区。

上山遗址位于浙江浦江县黄宅镇，地理位置在钱塘江的支流——浦阳江上游的河谷地带。从 2001 年到 2006 年，考古工作者对遗址进行了三次发掘，揭露面积约 1800 平方米，遗存年代从新石器时代早期延续至唐宋以后，发现的遗迹有灰坑、房址等，遗物主要有石器和陶器。

上山文化是中国万年文化史具有里程碑意义的重大发现，是中国“万年文化”的代表。上山遗址提供了稻作农业起源阶段的重要材料，确认了长江下游地区栽培稻的起始年代，证明了长江流域是稻作农业的重要起源地。而在此发现的长江下游地区最早的一批定居村落，表明上山文化时期已有一定的人口规模，开始了定居生活，这为后来长江下游地区文明起源阶段社会的发展奠定了重要基础。2006 年 11 月，以上山遗址为代表的新石器时代早期文化正式命名为“上山文化”。

二、上山文化的版本记忆与文化内涵

上山文化中出现了迄今为止最早的在陶器表面涂红陶衣的彩陶，是目前中国发现的年代最早的彩陶，可能也是目前世界上已知年代最早的彩陶。陶器上有多种刻划符号，且反复出现，表明其已经具备一定的含义，很可能与当时人们对自然界的认知有关。这说明这些符号的含义已经被人们所接受，应是后来文字的先驱。

桥头遗址位于义乌市城西街道桥头村，为上山文化晚期遗址。桥头遗址出土的陶器保存状况较好，类型丰富，出现了一定数量的彩陶，分乳白彩和红彩两种，陶衣鲜亮，以条带纹为主。值得注意的是，其中一块夹砂陶片，在鲜红陶衣上用白色颜料涂画了带有一周辐射短线的圆形，似太阳纹，旁边还画着两个顶角相对的三角形。桥头遗址出土的太阳纹符号在后

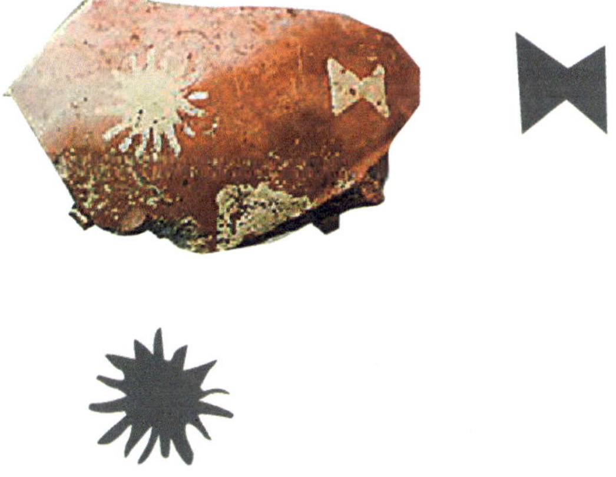

太阳纹彩陶片

续的跨湖桥文化、河姆渡文化、良渚文化中都得到了传承，在我国东部史前文化中源远流长、影响深远。

第二节　河姆渡文化

一、河姆渡文化

河姆渡文化以其独特的内涵、丰富的埋藏和宝贵的学术价值为社会所关注，距今约 7000—5300 年，主要分布在宁绍平原地区。

河姆渡遗址位于杭州湾南岸，地理位置在四明山和慈溪南部山地之间的一条狭长的河谷平原上，是世界最著名的新石器遗址之一。1973 年 6 月，余姚县罗江公社在建造翻水站时，河姆渡遗址初露峥嵘。随后考古工作者在 1973 年、1977 年对遗址进行了两次发掘，揭露面积约 2800 平方米，出土了土木、石、骨、陶质等各类文物 6000 余件，发现的遗迹有灰坑、墓葬、木结构干栏式建筑遗迹和大面积的稻谷堆积层，遗物有陶器、骨器、木器、石器等。

河姆渡遗址的发现，在海内外学术界引起巨大反响，证明了在 7000 年前的长江流域有着灿烂的原始文化，是中华人民共和国成立后最重要的考古发现之一。2020 年 5 月，河姆渡遗址入选首批“浙江文化印记”名单。2021 年 10 月，河姆渡遗址入选全国“百年百大考古发现”。

二、河姆渡文化的版本记忆与文化内涵

河姆渡遗址发掘出土大量陶器以及陶片，以夹炭黑陶为主。河姆渡先民对陶器、骨器等器物进行塑形和雕饰，表现出对大自然细致入微的观察和对美好生活的礼赞。

在浙江余姚的河姆渡遗址，有一个震撼人心的神秘图案——双

鸟朝阳。一组同心圆，一圈火焰纹，构成了一轮蓬勃的太阳；两侧的鸟昂首望天，好似《禽经》中的“搏则利嘴”“鸣则引吭”。7000年前的河姆渡先民，用石刃记录下的畅想，雕刻出了“双鸟朝阳”象牙蝶形器这件精美的牙雕艺术品，对称的构图和精细的雕工反映出他们的艺术审美与生活智慧。

双鸟朝阳纹牙雕

第三节　良渚文化

一、良渚文化

良渚文化是中国新石器时代晚期的考古学文化，距今5300—4200年，其分布范围涵盖了太湖流域、钱塘江流域、杭州湾沿岸以及长江中游的江汉平原等地区。

良渚遗址位于浙江省余杭区，以出土玉器为最大特色，此外还有以夹细砂的灰黑陶和泥质灰胎黑皮陶为主的陶器。1959年12月，遗址被正式命名为“良渚文化”。1979年，考古工作者对良渚遗址进行了更大范围的考古挖掘。1986和1987年，反山遗址和瑶山遗址被先后发现，出土了大量精美的陶器、玉器、石器、漆器。1996年，国务院批准良渚遗址为全国重点文物保护单位，规定了瓶窑—良渚的保护范围。2019年7月，中国良渚古城遗址在第43届世界遗产大会上被列入《世界遗产名录》。

习近平总书记指出，良渚遗址是中华五千年文明史的实证，是世界文明的瑰宝。[1]2022 年，“良渚文化大走廊”的构想提出，让历史与现代交汇，让文化与科技融合。2023 年 12 月，首届“良渚论坛”隆重举办，既体现出良渚文化对于现代文明的深刻意义，也标注了良渚文化在世界文明之林中的重要地位。

二、良渚文化的版本记忆与文化内涵

良渚文化以数量巨大、工艺精湛的玉器而闻名，是中国史前玉文化发展的高峰。良渚古城遗址中出土的玉琮、玉钺、玉璧等诸多史前器物，是版本文化穿越数千年的历史印记。良渚文化最具代表性的器物——“玉琮王”，是一件雕琢着神人兽面纹的筒型玉器，内圆外方，它的体积、重量及纹饰，均为良渚玉琮之首。其上雕琢的“神人兽面纹”，是良渚文化的标志性图案。这些细如发丝的线条和繁复的纹路，尽显技艺之精湛与先民之智慧。通过这精巧的微雕技艺，我们仿佛看见，神人头戴羽冠、骑跨神兽，驰骋于天地之间的上古奇观。5000 年来，“玉琮王”这件良渚文化的版本代表，与诸多史前器物一样，闪耀着中华版本文化的璀璨光芒。

神人兽面纹“玉琮王”

① 《习近平向首届“良渚论坛”致贺信》，《人民日报》2023 年 12 月 4 日，第 1 版。

第四节　结绳记事和仓颉造字

一、早期的版本记录方法——结绳记事

《周易·系辞》中写道："上古结绳而治，后世圣人易之以书契。"结绳记事是在文字出现以前的史前时代曾存在过的一种古老的信息记载和传递方式。

在原始社会时期，人们用结绳记事，即大事打一大结，小事打一小结，相连的事打一连环结。狩猎时代，结绳记事用于记录狩猎的路标，在圈养时也需要结绳记录数字、表示牲畜类别、记录食物；农耕时代，人们需要掌握农业生产的气候和日历，也需通过结绳以记录，从而获得更好的收成。结绳记事反映了人们为了帮助自己记忆和表达的原始探索，更对文字的创造有着深刻的影响。

二、文字的出现——从传说中的仓颉造字说起

人们从结绳记事逐渐发展到用刀子在木材等材质上刻上符号以记事。而来自图画的象形文字，就是一种原始的造字方法。从刻划符号到象形文字，是文字发展的合理方向。

相传，仓颉"始作书契，以代结绳"。仓颉在黄帝手下当官，以结绳来记事，后因事情越来越多，也越来越复杂，他发现结绳记事变得力不从心。某次仓颉跟随黄帝打猎，从野兽脚印受到启发，发现可以通过符号来代表事物，于是开始创造各种符号，并反复推敲其含义，将大事小事管理得井井有条。仓颉将异体殊形的文字系统化、规范化、整齐化，对文明的流传起到了重要的作用，对后世文字发展产生了深远的影响。

第三章　铭刻时代的版本

甲骨文，又称“契文”“龟甲文字”“殷墟文字”，是目前能见到的中国最古老的成熟文字，随着殷商灭亡而消逝。金文起而代之，成为周代书体的主流。金文因铸刻于钟鼎等青铜器上而得名，也被称为“钟鼎文”。此时还有刻于石头上的文字，以春秋战国时期的石鼓文最为闻名。从文献载体来看，刻在青铜器和石头上的文字成为这一时期重要的版本现象，为后人留下了珍贵的资料。而随着文字的传播，相关的玺印封泥和砖石碑刻均成为铭刻时代的版本印记。

第一节　甲骨文

一、甲骨文的发现

清光绪二十五年（1899）秋，金石学家王懿荣身患疟疾，京城一位老中医为他开了一剂药方，其中一味是龙骨。王懿荣发现龙骨上有很多符号，很像古文字。为一探究竟，他派人去将药铺的龙骨全部买回。通过反复研究，王懿荣最终发现这些龙骨是龟甲和兽骨，上面的文字是古汉字，也就是甲骨文。王懿荣成为第一个发现和研究甲骨文的人。

在可识的汉字中，甲骨文是我国最早的比较成熟的汉字体系，主要指中国商代晚期王室用于占卜记事而在龟甲或兽骨上契刻的文字。甲骨文记载的内容十分丰富，涉及商王朝许多事迹，包括祭祀、王令、臣仆、战争、农业、牧业、医药等。此外，在河南、陕西等其他地区也有甲骨文被发现，年代从商代晚期延续到春秋时期。

至今已经发现4500个左右甲骨文单字，其中有三分之一得到了公认的解释。其中对甲骨文研究贡献最大的要数“甲骨四堂”：罗振玉（号雪堂）、王国维（号观堂）、董作宾（字彦堂）、郭沫若（字鼎堂）。

2017年11月24日，甲骨文通过联合国教科文组织世界记忆项目国际咨询委员会的评审，成功入选《世界记忆名录》。

二、甲骨文的特点与意义

甲骨文具有对称、稳定的特点，具备书法的三个要素，即用笔、结字、章法。从字体的数量和结构方式来看，甲骨文已经是发展到有较严密系统的文字了。汉字的“六书”原则（指象形、指事、会意、形声、转注、假借等造字方法），在甲骨文中都有所体现，但是原始图画文字的痕迹还是比较明显，象形意义也比较明显。

甲骨记事的意义，除提高了当时的信息传播、记录的效率以外，更强有力地反驳了“东周以上无信史”的言论。此外，由于甲骨文已初具汉字的基本结构，因此对后世汉字的演进和书法艺术的发展起到了至关重要的作用。

甲骨文的研究对于了解中国古代文化和历史有着重要的意义。研究甲骨文，可以了解中国古代社会的政治制度、宗教信仰、经济贸易、文化艺术和科技发展等方面的情况，同时也可以深入探究古代汉字的起源和演变过程，为我们理解和继承中华文化提供了重要的参考和依据。

第二节 金文

一、金文的特点与演变

金文，又称“吉金文”“钟鼎文”，是商周先秦时期青铜器上的铭文，因其载体物质而得名，为青铜时代的主要文字。

中国青铜时代，从商朝历经西周、东周，直到秦始皇统一六国，大约延续了1500年。金文在这个时期字体和风格都有一个很明显的变化过程，主要经历以下几个阶段：殷商中期蝌蚪书体的铭文，殷商后期具有甲骨文特点的早期金文，以及西周至春秋金文和秦金小篆等。

殷商时期的金文书体端严不苟，笔画锋锐，气魄雄伟；西周时期的金文书体继承了殷末的书风，直到周成王时才产生独特的风格，书体雄浑典丽且壮观，而在周昭王、周穆王之后，书风渐变，笔画由粗细相参变为均匀划一，收笔与起笔亦由方圆不一变成圆笔，行款甚至演变成方格，书风极为严谨端正；春秋战国时期，列国纷争，金文呈现出浓厚的地域色彩，各具特色。

金文的字形变化多样，有的繁缛，有的简洁；字体风格众多，有的圆转流畅，有的峻厉挺削。这除了历史地域、人文条件等方面原因外，还与金文的制作方法有着直接的关系。在青铜器上制作文字一般有三种方法：一是子模镌刻法；二是母模雕刻法；三是铸胎刻凿法。

二、鸟虫书

鸟虫书，又称“鸟虫篆”，首见于许慎《说文解字·序》，是先秦篆书的变体，属于金文的一种特殊美术字体。鸟虫书是字是书亦是画，是春秋至战国时盛行于长江中下游地区的吴、越、楚等南方诸国的一种特殊文字。

鸟虫书主要见于一些青铜器的铭文，尤以兵器为多，少数见于容器、玺印，在汉代的礼器、汉印上，乃至唐代的碑额上仍可见到，是“秦书八体”之一和“王莽六书”之一。

在春秋战国时期，鸟虫书分为两种基本装饰体类型：附有具体形象的装饰书体和简略抽象的书体。到秦时，仍有部分鸟虫书保留了具象的动物形装饰构件。但到了汉代，鸟虫书不再作具象的模拟，而是以屈曲盘绕的笔画充实空间，表现书体的装饰美感，因此大多属于简型。

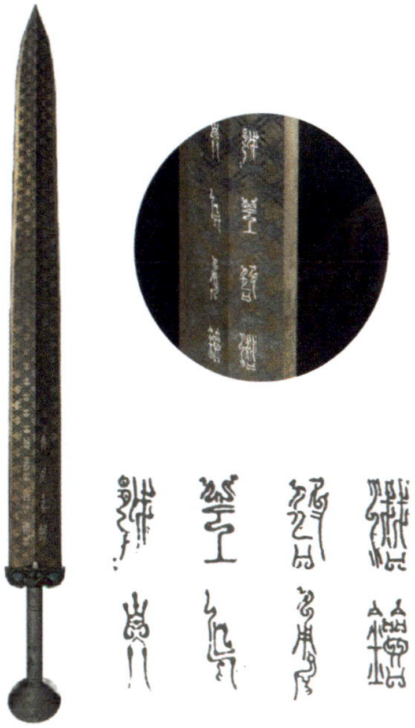

越王勾践剑
（鸠浅为勾践本名）

鸟虫书不仅是美观实用的字体，也是越人鸟崇拜、蛇崇拜文化的体现。在尚武善战的越国文化中，越人除了在铭器上用鸟虫书做记录之外，可能还起着防伪、传递军事机密等重要作用。

三、铜镜铭文

铜镜一般制成圆形或方形，其背面铸铭文、饰图案，正面则以铅锡磨砺得光亮，可清晰照面。齐家文化墓葬中出土了一面距今已有4000多年历史的小型铜镜，其造型、装饰均较为原始，应是目前考古资料中所知时代最早的一面铜镜。之后的商、西周和春秋时的铜镜都只有零星发现，直到战国始产量大增。到汉代，由于日常生活需求量大增，加之西汉中叶后经济繁荣，铜镜制作产生了质的飞跃。

汉代铜镜工艺精良、质地厚重，镜背铭文、图案丰富多样。唐、宋时，铜镜又经历了两次发展高峰。到明、清时，随着玻璃的诞生，铜镜逐渐淡出历史舞台。

东汉（25—220）“位至三公”铭文铜镜

铜镜的背面装饰着各种纹饰或铭文，所选用的题材均具有典型性和代表性，并且蕴含着极其深刻的文化内涵，其产生、流行，与当时的政治、经济、哲学、宗教信仰及社会生活密切相关。

战国至西汉早中期镜铭的内容，大体可归纳为三个方面：一是祝愿性质的吉祥语；二是长相思，毋相忘；三是形容镜子的明亮，有时也联系一些祝愿的吉祥语。而从西汉晚期到东汉末，在铜镜背面篆刻铭文已非常流行，书体也由原来的篆体或隶中带篆，演变为成熟的隶书。约从南朝末年开始，主要在隋和初唐，铜镜铭文的内容则多形容铜镜工艺精湛，或是闺中女子装扮。从南宋开始，铜镜铭文字体多用当时盛行的宋版书字体，在招牌形式的长方框内刻铸铭文，类似于商标。

四、版本赏析之越王州句剑

在江南地区，鸟虫书的运用最为人所知的是在青铜剑上。

青铜剑最早见于商代晚期。春秋伊始，随着步兵、骑兵兴起，车兵开始衰落，士兵的武器装备也发生了重大的变化，曾用于传统车战的戈等武器逐渐被适用于近战的青铜剑所取代。为了振兴越国，铸造高质量的青铜剑成为越国勤耕备战的复兴方略之一，铸剑工匠打造的越剑技术领先、工艺精湛，其中越王州句剑最负盛名，被誉为“百兵之王”，成为中国古代兵器中的一个传奇。

州句是越王勾践的重孙，公元前 448 年至前 412 年在位，其在位时是越国国势最强之时。他用的州句剑的剑格正反面有鸟虫书铭文“越王州句，自乍（作）用僉（剑）”等十四字。铭文之间嵌镶有琉璃，或为绿松石。剑柄有缠缑（古代用绦或丝绳缠扎兵器柄部所用）残存，剑箍上有精细的纹饰，剑首为同心圆，是一把代表越国铸剑工艺最高水平的青铜剑。此剑上的鸟虫书铭文不仅反映了汉字美术体的应用，同时因属王者之器，字体标准可以理解为是特殊载体的、铸出来的标准古美术体字版本。

第三节　玺印封泥

一、玺印封泥的起源与发展

中国古代玺印一般指战国至清代以凭信为主要功能的官、私印章。20 世纪 30 年代，在河南安阳殷墟发现三方商代铜玺，在 1998 年、2009 年、2010 年殷墟考古又陆续出土三件商晚期的铜玺，表明商代中国玺印的形态已经成熟。

在秦以前，无论官印私印，都称“玺”。秦统一六国后，皇帝的印独称“玺”，臣民只称“印”。玺印主要分官印和私印，私印又分姓名印、闲文印、肖形印等。

玺印的主要功用有：地位、权力的象征；商品流通、收取赋税的凭证；“物勒工名”（器物的制造者把自己的名字刻在上面，以方便管理者检验产品质量）的工具；物品封检的信物；祈祥厌胜的佩饰；等等。

封泥是与早期玺印相伴而生的衍生物，又称“泥封”“芝泥”，是一种盖有印章的泥巴，多用在秦朝至魏晋时期的机密文件上。据20世纪50年代以前出土和其后已公布的考古所获，加上20世纪90年代以来多地出土的流散封泥，初步调查，目前存世封泥（含残碎、同文）总数应在30000件以上，涉及的时代从战国中期直至南宋，其中以秦、两汉的封泥数量和品类最为丰富。

二、玺印封泥的形制与印文

篆刻、雕刻艺术脱胎于古代玺印，古代玺印又是后世篆刻家、雕刻匠人学习、取法的主要对象。宋、元以来，文人在对古代玺印鉴赏的过程中，体味到“古朴”之意，并加以模仿和追求，遂产生了后世的篆刻艺术；古玺印的印钮设计、铸造技艺都是雕刻艺术的生动体现，极大地扩展和升华了中国雕刻艺术。

形态方面，玺印形成以青铜为主体，玉、金、银、陶、石、骨、木、瓷多种材质并存的体系；印钮钮式体系丰富，包括鼻钮、瓦钮、龟钮、马钮、羊钮、驼钮、螭钮、覆斗钮等。不同玺印有不同的材质、钮式、印文、印款规格以及自名等多个标志，这是等级秩序在古代社会生活中地位的体现。

书体方面，先秦玺印文字形体的基础为金文；秦统一文字后，官、私印形成小篆规范；汉以后，尽管社会应用字体已由篆至隶再演变至楷，但印文书体风格按照自身规律在篆书体系内变化，包括“九叠篆”“缪篆”等。

不同时期的印文形态也是玺印发展过程中版本变化的体现。战国至魏晋时期，印章凭记功能在于封泥；南北朝后期，封泥的使用随着纸张的普遍应用，退出社会生活；至隋以后，官、私印多用于纸质文书，不过，封泥在一些需要封缄的特殊物件上仍有延续，如西安唐大明宫遗址出土的唐代瓷坛上便有封泥印记。

第四节 砖石碑刻

一、秦砖汉瓦

秦砖汉瓦是对这一时期砖、瓦的统称，是秦汉鼎盛时期建筑装饰艺术的缩影。

历史上颇负盛名的秦砖，是以颜色青灰、质地坚硬、制作规整、浑厚朴实、形制多样著称于世的，有人给予“敲之有声，断之无孔”的评价，也有人称之为铅砖，可见其质量之上乘。

秦砖有空心砖、条形砖、长方形砖、楔砖（五角形砖）、曲尺砖（拐子砖）、券砖等类型。制法一般是模制，需加纹饰的砖再用纹模加印，然后入室烧制。空心砖大多是长方形，作踏步用。砖的纹饰有几何纹、龙纹、凤纹，也有素面的。

瓦当，是整齐排列在檐端的筒瓦的瓦底。《辞海》中“瓦当”释义为：“即筒瓦之头。中国古代建筑物屋顶陶制筒瓦顶端下垂的部分。起保护檐头的作用。多圆形和半圆形。”徐崇立《瓻翁题跋》中有云：“瓦覆檐际，其头正当众瓦之底，故曰当也。”

早在西周时期，我国就出现了瓦当。汉代是制瓦工艺发展的鼎盛时期，出现了文字瓦当，有着朴实之美。北魏以后出现了琉璃瓦当，唐代的莲花纹瓦在今天最为常见，宋代流行兽面纹瓦当，明清宫殿则多用龙纹瓦当，同时宋元明清又有了金属瓦当。

在出土的板瓦、筒瓦、砖等建筑材料残件上还常发现有一些刻写或模印的文字。这些文字大多为用以标明制作者与制作日期的套语，部分是建筑本身的名称，还有少数吉语。

瓦当作为中国古代建筑独具特色的重要构件，集书法、绘画、雕刻等多重工艺于一体，兼具实用价值与艺术功能，亦是版本流传的一种形式。不同时期、不同地区所流行的瓦当花纹各不相同。宋元以后，江南地区的瓦当以花卉纹为主，包括莲花纹、菊花纹、牡丹纹等。花卉纹的流行让瓦当的花纹更贴近生活，从神秘化走向了世俗化。这些瓦当共同呈现出宋代以来江南地区蓬勃向上、生机盎然的生活风貌，是百姓安居乐业的写照。

二、碑刻摩崖

碑刻一般是指在作为永久性纪念物或标记的地面立石上篆刻的文字或图画。摩崖一般是指利用天然的山崖石壁刻文记事。

现藏于杭州西泠印社汉三老石室内的《汉三老讳字忌日碑》，刻立于东汉建武二十八年（52），为浙江现存最古老的汉文石质碑刻。清咸丰二年（1852），浙江余姚客星山出土了一方石碑，碑额已断缺，但碑文基本完好，记录了一位名“通”的汉代地方官“三老”祖孙三代的名字（讳字）和祖、父辈逝世的日子（忌日）。全碑共计217字，字画浑厚遒劲，书体介于篆隶之间。根据内容，此碑被命名为《汉三老讳字忌日碑》，堪称是一方价值连城的国宝，有极大的历史和文字研究价值，被誉为“浙江第一石”。

《大吉买山地记》为东汉建初元年（76）所刻的买地文书，主体部分隶书“昆弟六人，共买山地。建初元年，造此冢地。直三万钱”20字，顶上有“大吉”两字立额。因此石在绍兴跳山，亦称“跳山摩崖”，字径约20厘米，笔画丰腴，气势恢宏，为汉石奇品，也是浙江境内发现的认定年代最早的摩崖题刻。

《大吉买山地记》摩崖
（西泠印社仿制）

第四章　书写时代的版本

在纸张发明以前，简牍、缯帛是中国文字的最主要载体，主要用笔墨书写而成，可以说是我国古代最早的书籍。在纸张发明以后的相当长一段时间内，书籍生产也是以书写为主，且承袭了简牍时期形成的传统，这对后世书籍制度产生了深远的影响。直到今日，有关图书的名词术语、书写格式及书写方法，还依然存有简牍制度的印记。

第一节　简牍

一、简牍的特点

简牍是战国至汉代重要的书写材料。简，是一种狭长的竹木质薄片；牍，是长方形薄板。简牍记载的内容主要分文书和著作两类。由于文字内容有异，其叫法有别，如：军事文书叫“檄”；告示叫“榜”；将信写于木板，为了保密，上面覆盖一块木板，这块木板叫“检”；在检上写收信人地址姓名，叫“署”；等等。

若干简用麻绳、牛皮或帛带编缀在一起就叫“册”（策）；长篇文字内容成为一个单位的，叫作“篇”。为了方便保存和检索，一般将简册在编连后卷起来，并在首简、简背或篇末题名。简有长短的区别，如经书简册一般长汉尺二尺四寸（按东汉一尺约 23 厘米计算，约为 55 厘米）。简册具有就地取材、书写便利的优点，但较为笨重，阅读不便。简册制度一直延续到魏晋时期。

我们至今仍在使用的许多词汇，都与简牍有着密不可分的联系：“杀青”“汗青”便是因竹简火烤的工序而得名；“合同”一词来源于古代书契，“书之于木，刻其侧为契，各持其一，后以相考合”（《书叙》孔疏引郑玄《易注》）；“学富五车”形容人的学识如五车竹简书那么多。

二、版本赏析之乌程汉简

乌程汉简是两汉时乌程县（治今浙江湖州市南）署遗留的实物。2009 年，乌程汉简出土于一基建工地，共约 350 枚。乌程汉简所含文书种类繁多，内容以往来公文、行政事务及公私信牍为主，涉及当时的政治、经济、文化、军事等各个领域。比如，在事务公文简里记载了当时的地名、职官、税收、户口、商业制度等信息。

由于南方气候潮湿，木质简牍等文物难以保存，乌程汉简因深埋于地下，隔绝氧气，才得以保存至今，实属难得。乌程汉简填补了浙江未曾发现简牍材料的空白，对研究浙江汉代相关历史有着十分重要的价值。木简部分标有明确年号，从西汉初期延续至东汉中期，时间跨度较大。从书法角度来看，乌程汉简的风格十分丰富，包括古隶、汉隶、隶草、草书等，少量还隐约带有早期楷书的特点，为研究两汉时期的书体演变及书风多样化提供了新的重要版本依据。

第二节　帛书

一、帛书的特点

在战国时期，有一种用帛作为书写材料的文献——帛书。帛意指白色的丝织品，汉代称丝织品为帛或缯，或合称为“缯帛”，所以帛书也叫“缯书”。现存最早的帛书是20世纪三四十年代在长沙子弹库战国楚墓中发现的。

帛比竹木更为轻便，可用于绘图，且易于阅读、经久耐用、方便保存，但因价格昂贵，所以竹木和帛长期并行，共同作为文献的载体。直到唐代，帛书仍流行于世。现今出土的绝大部分帛书属于贵族的消费品，因此一般不具有民间文化的性质。目前我们看到的最早的具有生活化倾向的帛书墨迹发现在西北，与汉晋简牍一同出土，质地为较为粗糙的绵帛，而不是长沙等地出土的丝绢。从内容看，这些帛书都是家书，心情、字词、文法如出一辙，作者都是一些经济状况优于平民的边塞官吏。它们的存在，更让我们看到了文化在民间层面与官方层面的明显差异。

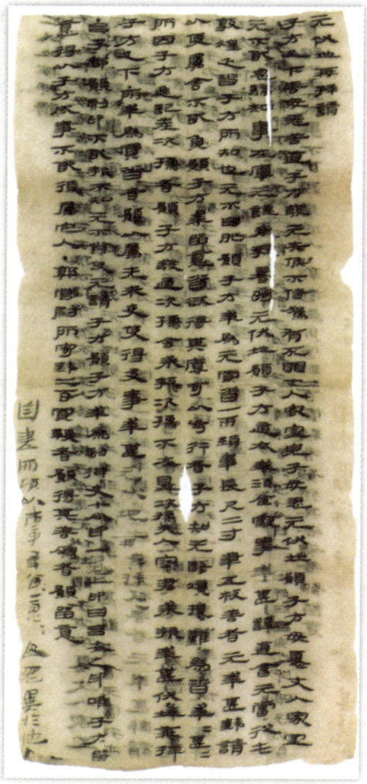

汉（前206—220）
悬泉置帛书

二、版本赏析之马王堆帛书

1973年12月至1974年初，考古工作者在长沙市马王堆发掘了2号和3号两座汉墓，其中3号墓出土了一批具有重要历史价值的古代竹简和帛书，《阴阳五行》《五十二病方》便在其中。

篆书《阴阳五行》，又名《式法》，现装裱成39页大小不等的帛片。该帛书的内容非常丰富，主要是关于干支、二十八宿、大一运行的记录和有关方位、四时、月令、择月等方面的占验。这是迄今为止发现最早的阴阳五行方面的抄本之一，是研究汉初阴阳五行理论不可多得的珍贵材料。马王堆另出土有隶书版的《阴阳五行》，较《式法》易读。

帛书《五十二病方》是迄今所见最早、最完整的古医方专著。该书出土时本无书名，因卷前有目录列有52种病名，且目录之末有“凡五十二”的记载，故命名为《五十二病方》。全书约10000字，详细记载了医方283个，药名254种，涉及内科、外科、妇科、儿科和五官科等103种疾病的治疗医方。帛书所记的医方中，均以用药为主，包括外用、内服等法，此外还有灸、砭、熨、熏等多种外治法及若干祝由方，比较真实地反映了西汉初期的临床医学和方药学发展的水平。

第三节　纸本

一、写经

随着书写用纸使用的日益广泛，六朝隋唐时期，书籍生产逐渐演变为主要在纸张上手写传抄的形式。纸张的改良使书籍传播出现了划时代的转变，主要体现在：突破了缯帛成本较高、竹木简笨重、石刻不易移动的束缚，使书籍版本形式更多、传播更快、范围更广。

写经，是佛教为弘布流通经典，用纸墨抄写，进行宣传的一种活动形式。六朝隋唐写经的书体具有明显的时代特征和地域特点，被称为“写经体”或“经生体”。写经者一般是经生、寺僧和朝廷书吏，尤其经生专以抄缮经书为业。他们接受过书法的基本训练和严格考核，或师徒相授，或风习相染，笔下的体态风姿具有一脉相承的规约性。但是写经者社会地位相对卑微，文化程度有限，抄写中难免别字俗体横出。

敦煌佛经写卷年代从东晋直迄唐代，其书法体态基本展现出写经体演进完善的全部历程，不仅记录了汉字在隶变完成后向唐楷过度的演变，而且真实地展现了民间书家对汉字及书法发展所起的重要推动作用。

二、绘画书法

中国的绘画史可以上溯到原始社会的新石器时代，距今7000年左右。最初的中国绘画，是画在岩壁、地面、陶器上的，逐渐发展到画在墙壁、绢和纸上，使用的基本工具是毛笔和墨，以及天然矿物质颜料。

〔晋〕顾恺之《女史箴图》（局部）（唐摹本）

书法是指用毛笔书写汉字的方法和规律，包括执笔、运笔、点画、结构、布局等。中国书法历史悠久，从甲骨文、金文演变为大篆、小篆、隶书，至东汉、魏、晋的草书、楷书、行书诸体，一直散发着独特的艺术魅力。这一时期诞生了有“书圣”之称的王羲之。隋唐时期是中国古代书法艺术的巅峰，涌现出一批德才兼备的大书法家，如虞世南、欧阳询、褚遂良、张旭、颜真卿、柳公权等。

宋代以前，文人多以绢帛作画，绢帛造价十分昂贵，所以绘画多流行于达官显贵之间。

在纸张成为主要的书写材料以后，这些未加工处理的“生纸”其实并不好用，在绘画时易跑墨（墨色散开让纸张空白处变脏）。隋唐以后，造纸技术日渐发达，各种加工方法让纸张更加适合书写和绘画，如将纸张进行硾浆、加蜡、加矾，变为“半熟纸”或“熟纸”后再使用。

三、写本文献

写本文献是指用软笔或硬笔书写在纸张上的古籍或文字资料。目前，写本文献主要有五项重大发现。

（一）吐鲁番文书

吐鲁番文书是指 19 世纪末以来在新疆吐鲁番地区晋唐古墓葬群中发现的写本文献，分藏于中、德、英、俄、日、美等国的公私藏书机构，总数达 50000 号左右。其中西晋元康六年（296）的《诸佛要集经》残片，是我国现存最早的有明确纪年的纸本文献。

（二）敦煌文献

敦煌文献主要指敦煌莫高窟藏经洞发现的唐代前后的手写本和少数刻本文献，现主要收藏在英国国家图书馆、法国国家图书馆、俄罗斯科学院东方文献研究所、中国国家图书馆，以及日本、印度、德国、美国等国家相关机构，总数约 70000 号。

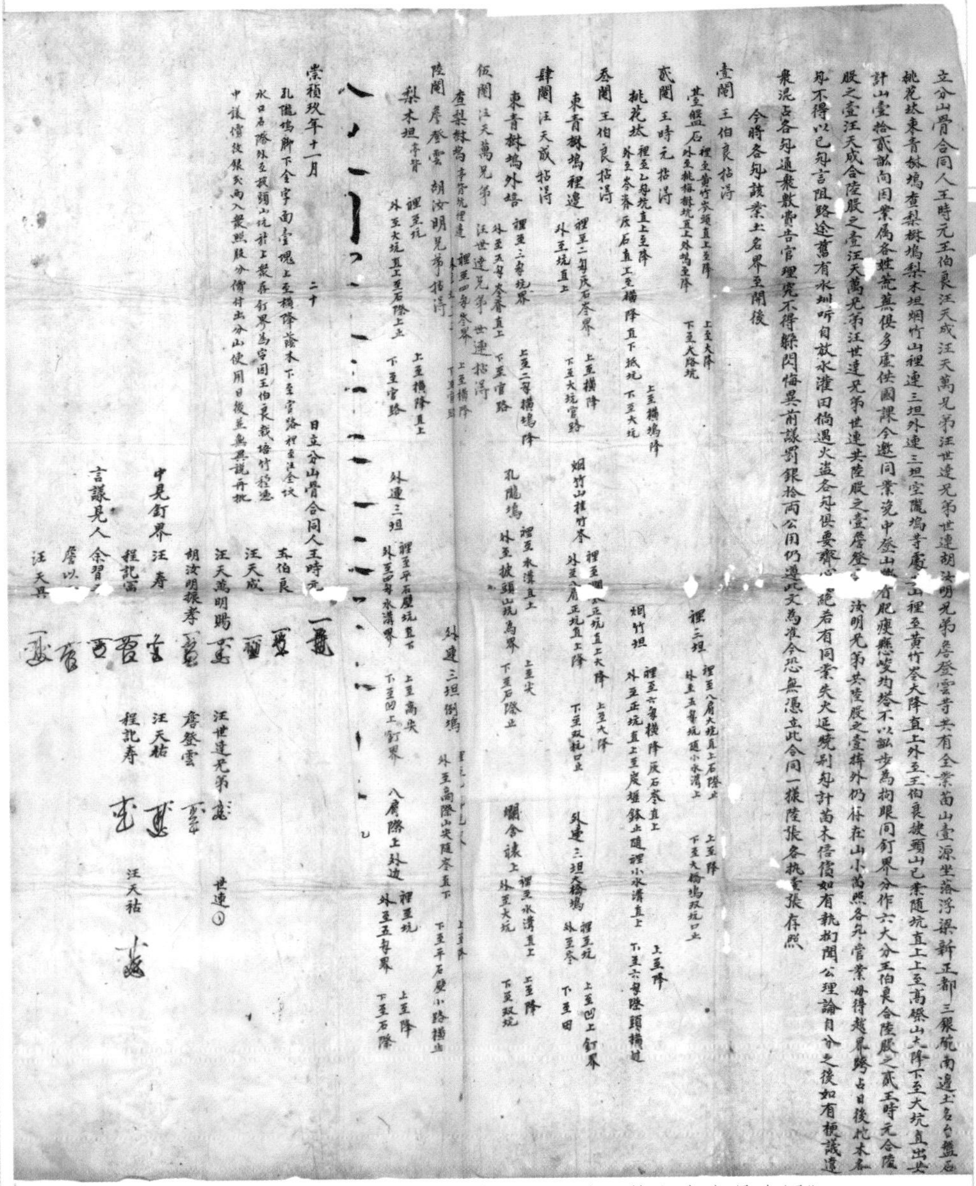

立分山骨合同人王時元王伯良汪天成汪天萬兄弟汪世達兄弟世連胡汝明兄弟詹登雲等共有全業苗山壹源坐落浮梁新正都三股,坑南邊土名台盤石
桃花坑東青樹塢查梨樹塢梨木坦烔竹山裡連三坦外連三坦空龍塢等處,山裡至黃竹峯大降直上外至王伯良坡頭山已業隨坑直上上至高磔山大降下至大坑直出
計山壹拾貳畝向因業屬各姓荒蕪俱多虛供國課今邀同業說中登山踏看肥瘦癖均搭不以畝步爲拘眼同釘界分作六大分王伯良合陸股之貳王時元合陸
股之壹汪天成合陸股之壹汪天萬兄弟汪世達兄弟世連共陸股之壹詹登雲
汝明兄弟共陸股之壹㧞外仍存在山小苗照各先管業毋得越界跨占日後杉木各
毋不得以己毋言阻路途舊有水圳聽自放水灌田倘遇火盜各毋俱要齊心
施若有同業失火延燒剔毋計苗木倍償如有執拗聞公理論自分之後如有梗議違
衆混占各毋通衆費告官理究不得躲閃悔異前議罰銀拾兩公用仍遵此文爲准今恐無憑立此合同一樣陸張各執壹張存照
今將各毋該業土名界至開後

壹閹 王伯良拈得

貳閹 王時元拈得

叁閹 王伯良拈得

肆閹 汪天成拈得

伍閹 汪天萬兄弟 汪世達兄弟 世連拈得

陸閹 詹登雲 胡汝明兄弟拈得

崇禎玖年十一月　二十　日立分山骨合同人王時元
孔龍塢腳下全字面壹塊上至橫降蔭木下至官路裡至汪全坟
水口石際外至坡頭山坑計工叢存釘界爲字因王伯良栽培竹稆遞
中議償役銀叁兩入衆照股分備付出分山使用日後並無異說再批

王伯良
汪天成
汪天萬明賜
胡汝明振孝
汪世達兄弟
詹登雲
汪天祐
程訖寿
世連
中見釘界 汪寿
程訖富
言議見人 余習
詹以
汪天異
汪天祐

崇禎九年（1636）十一月二十日《王時元等立分山骨合同》

（三）黑水城文献

黑水城文献是指在内蒙古额济纳旗黑水城遗址发现的纸质写本和刻本文献，主要收藏于俄罗斯科学院东方文献研究所、英国国家图书馆，以及我国的内蒙古自治区文物考古研究院、甘肃省博物馆等单位，总数约20000号。

（四）宋元以来契约文书

宋元以来契约文书是指近一个世纪以来陆续发现的宋至民国时期的以手写为主的地方契约文书，包括土地文书、赋役文书、商业文书、社会文书等，是了解当时当地赋役、财产、婚姻、家庭、身份等社会经济情况的最宝贵的第一手资料。

（五）明清档案

明清档案是指明清宫廷和各级政府部门的档案，包括内阁大库档案、军机处档案、内务府档案、宗人府档案、国史馆档案、清宫中各处档案、清各部院衙门档案及各地方衙门档案等。宋元以来契约文书主要属于私文书，明清档案则属于官文书，两者在内容上正好可以互补。

四、版本赏析之北朝写本《大般涅槃经》

北朝时期的《大般涅槃经》卷三十一，写本，卷轴装，规格为26.5厘米×141厘米，卷首略损，存卷85行，每行17字，共近1500字，抄录《大般涅槃经》中的《定慧论》《第十一品师子吼菩萨》《十法具足能见涅槃无相》三颂，发现于敦煌。

《大般涅槃经》被认为是佛教教义的总结和归纳，涵盖了佛陀的教导、修行道路、解脱和涅槃的思想。它的内容涉及诸多佛教教义和哲学观点，包含佛陀对于人生、苦、无常、无我、因果、解脱和涅槃等主题的深入探讨和解释，以及禅定、般若智慧、戒律、布施、忍辱、精进、定慧等修行要点。这些教义旨在引导修行者超越世俗的束缚，实现解脱和觉悟。

此卷《大般涅槃经》用笔稳健、细劲，锋棱毕现，书法艺术精湛。从书法发展史来看，此卷写于中国书法史中书体演变的关键时期，揭示了楷隶转变过程中的关键环节。在时间轴中，将这卷写经珍品与敦煌遗书中的早期经卷相比，可见法度楷则；与隋唐以后的写经相比，又见淳古质厚的韵致。

第五章　版刻时代的版本

雕版印刷术的发明、应用与推广，推动印刷逐渐代替抄写，成为书籍生产的主要方式。此后，书籍生产的速度加快、成本降低，加速了知识的传播，推动了文明的发展。江南地区繁盛发达的印刷业造就了内涵丰富的典籍文化，促进了江南地区的文化发展和文脉传承。

第一节　宋刻本

一、宋刻本的特点

五代十国时期，雕版印刷的应用范围已日益扩大，刻书地点以开封、成都、杭州最为有名。两宋时期是雕版印刷的黄金时代，雕版印书得到迅速发展。宋版书不但内容佳，外表亦美，书法精妙，镌工精良，纸质坚润，墨色如漆，蝶装黄绫，美观大方，开卷即有墨香，为后世称道。

此时，江南地区的浙江、江西、安徽、江苏等地都是全国刻书业的翘楚。浙江拥有独步天下的竹纸、藤纸，又有发达的文教事业，以及一众为写版、刊版、校雠服务的高素质工匠，这是浙版书刊刻精良的有力保障。浙江从五代末起，已有大批刻版技术熟练的工人，到两宋时期，浙江已成为全国的刻书中心。其中，杭州刻本最为精美，北宋藏书家叶梦得在《石林燕语》卷八中说：“今天下印书，以杭州为上。”

古代刻书，按其组织形式主要可分为官刻、坊刻、私刻和寺院刻书等。官刻在北宋时期以中央刻书为主，南宋时各地方官府刻书亦兴盛起来。宋代坊刻一般以售卖为目的，因此在刻印方式上推陈出新，会增加注疏、索引、插画等，在刻印内容上推出内容贴近民众日常生活的蒙书、医书、历书、小说等通俗流行书籍。

南宋时期私刻蓬勃发展，私家刻书多出于自己的喜好，或为纪念先祖，因此常精校精刻，所用刻板、纸张、印刷、装帧都十分考究。

佛教在宋代大行其道，宋代300余年间寺院刻的《大藏经》主要有四种版本：《崇宁藏》，元丰年间（1078—1085）在福州东禅等觉禅院（即东禅寺）开雕，至崇宁二年（1103）基本刻成；《毗卢藏》，政和二年（1112）至绍兴二十一年（1151）在福州开元寺刊刻；《思溪藏》（《圆觉藏》），靖康元年（1126）至绍兴二年（1132）在湖州思溪圆觉禅寺刊刻；《碛砂藏》，嘉定九年（1216）至元至治二年（1322）在平江府陈湖碛砂延圣院刊刻。

二、版本赏析之“雷峰塔经”

五代十国时期吴越国的“雷峰塔经”是江南地区现存较早的雕版印刷实物。“雷峰塔经”全称《一切如来心秘密全身舍利宝箧印陀罗尼经》，简称《宝箧印经》。1924年，在杭州西湖边的雷峰塔轰然倒塌，藏在塔砖中的经卷由此被发现。经卷刻印的是佛教重要经典《一切如来心秘密全身舍利宝箧印陀罗尼经》，书写诵读此经，或纳入塔中礼拜，旧时被认为能够消除罪障、功德无量。

“雷峰塔经”幅长约210厘米，幅高7.6厘米，共276行，2766字。经卷卷首刻有《经变礼佛图》，图前有“天下兵马大元帅吴越国王钱俶造此经八万四千卷舍入西关砖塔永充供养乙亥八月日纪”等文字。“乙亥”年为宋太祖开宝八年，即公元975年；“西关砖塔”

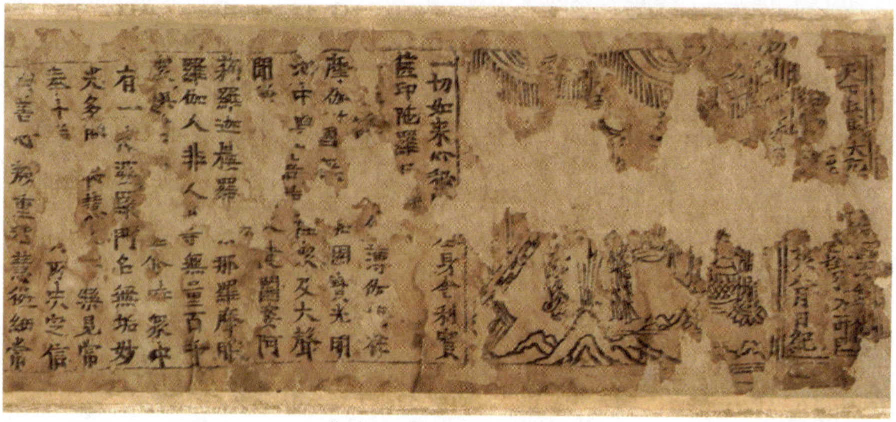

北宋开宝八年（975）
吴越国王钱俶刻《一切如来心秘密全身舍利宝箧印陀罗尼经》（局部）

即雷峰塔，又名皇妃塔。

经卷用纸细腻坚滑，色泽均匀，表面平整。幅长超 2 米，当是运用雕版拼接技术，将内容分为几块板进行雕刻，印刷时严丝合缝地拼齐，完成整幅长卷内容。

第二节　元刻本

一、元刻本的特点

元代刻书在南宋的基础上继续发展，基本沿袭了宋代的刻书方式。元刻本对雕版印刷的贡献主要体现在赵（赵孟頫）体字的广泛运用、版式的丰富、包背装的推广、牌记的变化等方面。杭州地区的雕版印刷业仍然发达，处于全国领先地位。元代纂修的《宋史》《辽史》《金史》等官修史书，都交由以杭州为治所的江浙行省来刊刻。

西湖书院，又称“西湖精舍”，在杭州西湖旧府学之地。其本为宋国子监，宋亡后废，元为肃政廉访司治所。元世祖至元二十八年（1291）于治所西偏开辟书院，后为尊经阁。阁北为书库，收宋国子监旧板不下 20 万片，书院以刊刻书籍驰名。

二、版本赏析之《普宁藏》

《普宁藏》全称《杭州路余杭县白云宗南山大普宁寺大藏经》，顾名思义，即为元代杭州路余杭县普宁寺所刻大藏经。其始刻于元世祖至元十四年（1277），至元二十七年（1290）完成。此套刻本乃元代由政府支持，寺院和百姓募缘刊雕的私刻版大藏经。

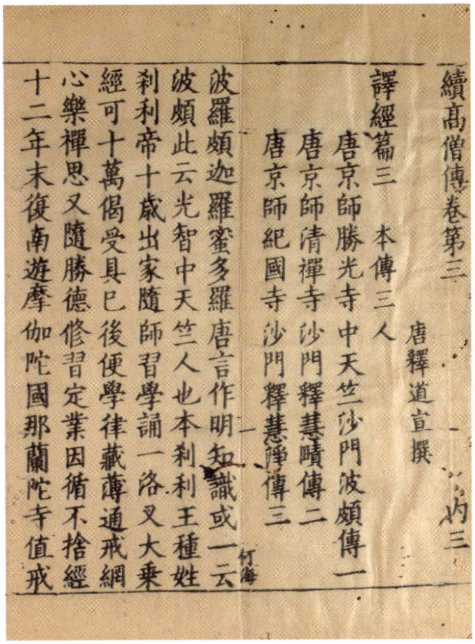
續高僧傳卷第三　　内三
唐釋道宣撰
譯經篇三　本傳三人
唐京師勝光寺中天竺沙門波頗傳一
唐京師清禪寺沙門釋慧賾傳二
唐京師紀國寺沙門釋慧淨傳三
波羅頗迦羅蜜多羅唐言作明知識或一云
波頗此云光智中天竺人也本刹利王種姓
刹利帝十歲出家隨師習學誦一洛叉大乘
經可十萬偈受具已後便學律藏薄通戒網
心樂禪思又隨勝德修習定業因循不捨經
十二年末復南遊摩伽陀國那蘭陀寺值戒

元泰定三年（1326）普宁藏本《续高僧传》

《普宁藏》基本依据南宋《圆觉藏》复刻，千字文编次由“天”字至“感”字，共 1400 多部，6000 余卷。该藏版式略小，刻工细致，装帧古朴，纸质厚重，色泽典雅，版面清晰，确为元刊佳刻。

清末，康有为藏有 1200 余册《普宁藏》，后售予杭州藏书家王绶珊，王绶珊再售予灵岩寺妙真法师，今藏于苏州灵岩寺。中国国家图书馆、首都图书馆、上海图书馆、浙江图书馆、北京大学图书馆、上海博物馆、山西省图书馆、杭州图书馆，都有不同数量的保存，而美国加州大学伯克利分校东亚图书馆也是收藏《普宁藏》较多的海外图书馆。日本收藏《普宁藏》远较国内为多，其中增上寺、东福寺、浅草寺三处收藏，几乎接近全藏。

第三节　明刻本

一、明刻本的特点

明代江南繁华富庶，物产丰饶，文人辈出，文化发达，是我国雕版印刷业的繁盛时期。这一时期印刷技术有了极大的发展：饾版、拱花技术成熟，套印本和插图本大量出现；印刷专用字体形成并广泛使用；除雕版外，活字在材质上也得到极大的拓展，木活字、铜活字、锡活字等不断出现，成为明代书籍的一个特色；线装取代了包背装，成为古籍的主要装订形式。

明朝对外交往活动频繁，奉行“以德睦邻，和谐周边”的外交政策。在这一背景下，官方和民间同时展开了对西方科技思想书籍的大规模翻译工作。与此同时，中国古籍也于明代后期传入欧洲。利玛窦将“四书”译成了拉丁文，金尼阁则完成了“五经”的翻译。随后，这股翻译热潮更从中国本土传到了欧洲，大批传教士把中国儒家学说典籍介绍给欧洲，“东学西传”从此连绵不绝，在16—18世纪的欧洲掀起了一股“中国热”，深刻影响了当时西方的思想文化。

二、版本赏析之汲古阁本《南史》

《南史》是中国历代官修正史“二十四史”之一，由唐代著名史学家李延寿在其父李大师编纂南、北史的基础上编撰而成。纪传体，共80卷，包括本纪10卷、列传70卷，上起宋武帝刘裕永初元年（420），下迄陈后主陈叔宝祯明三年（589），记载南朝宋、齐、梁、陈四国170年史事。

明末清初，常熟涌现出几位名冠江南乃至全国的藏书家和刻书家，毛晋就是其中最著名者。《南史》是毛晋汲古阁名刻“十七史”

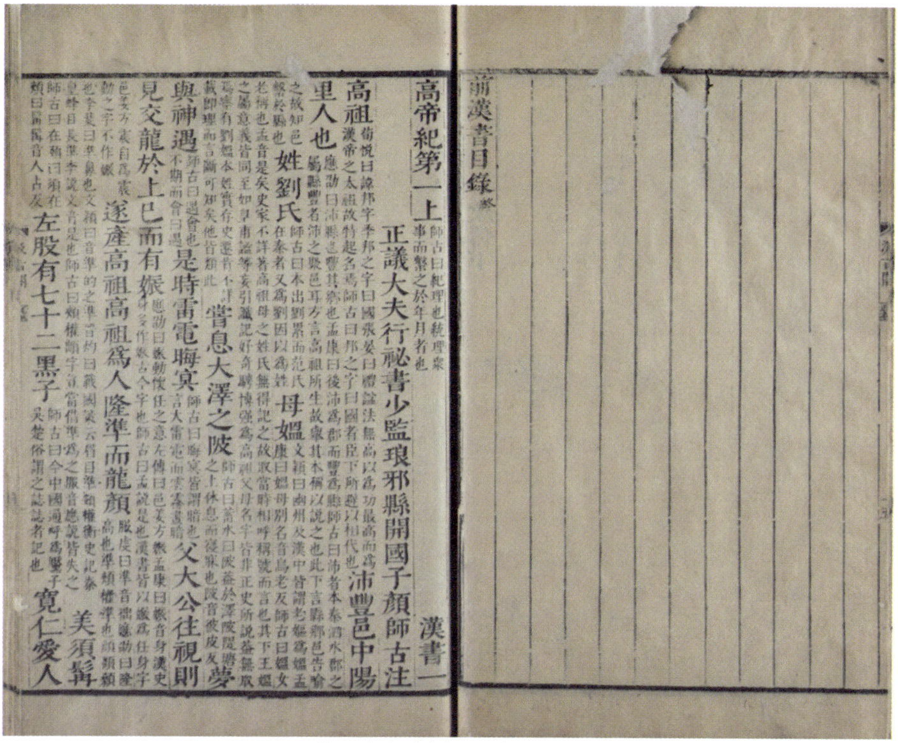
前漢書目錄

高帝紀第一上 漢書一

正議大夫行祕書少監琅邪縣開國子顏師古注

高祖沛豐邑中陽里人也姓劉氏母媪嘗息大澤之陂夢與神遇是時雷電晦冥父大公往視則見交龍於上已而有娠遂產高祖高祖為人隆準而龍顏美須髯左股有七十二黑子寬仁愛人

明汲古阁刻本《前汉书》

之一，每卷卷首和卷末均有“琴川毛凤苞氏审定宋本”的黑色木戳记。

毛晋一生未涉仕途，仅以秀才的身份，凭借家中丰厚的田租收入，终身从事藏书刻书的文化传播事业。汲古阁是毛晋藏书刻书的地方。据统计，自明万历间设肆至清初的四十多年间，汲古阁刻书近600种，雕刊华美，世称“毛刻本”或“汲古阁本”，名动士林，因有“毛氏镘本走天下”之誉。汲古阁刻书，无论是数量、种类，还是雕印质量，都是古代民间刻书前无古人的精品。

“十七史”为明末汲古阁辑刻的大型历史丛书，均为毛晋自辑自刻本，系我国私家辑刻体量最大的一套史书。其开雕于明崇祯元年（1628），至崇祯十七年（1644）完成，多据宋元旧板校刻。此书对后世影响极大，晚清五局合刻《廿四史》，其中十七史全仿汲古阁本，其余各种亦依其行格雕镌。

第四节 清刻本

一、清刻本的特点

清代，官刻、坊刻、私刻三大刻书系统继续发展。

官刻包括内府刻书和地方官刻。清代内府刻书成就颇大，以武英殿本为代表。康、乾时期，武英殿刊印之书，写刻工致，纸墨精良，为殿本极盛之代表。

清代坊刻事业十分活跃，大多刻印科举应试书籍、日常生活书籍和通俗文艺书籍等民间大众读物。其中，江苏席氏的扫叶山房颇具影响力，是清代最著名的刻书坊之一。

私刻主要包括私家刻书和寺院刻书。清代私家刻书极兴盛，并大都与文献整理同步进行，刻印家和刻书数量均超越前代，质量也达到新的高度。同时，清代寺院刻书十分活跃，杭州一些著名佛教寺院如玛瑙寺、昭庆寺等，都开办有专门印经的经坊。

二、版本赏析之《御定历代题画诗类》

清康熙内府本《御定历代题画诗类》，为陈邦彦等人奉康熙帝旨意编纂的我国规模最大的题画诗总集。其所辑各体题画诗自

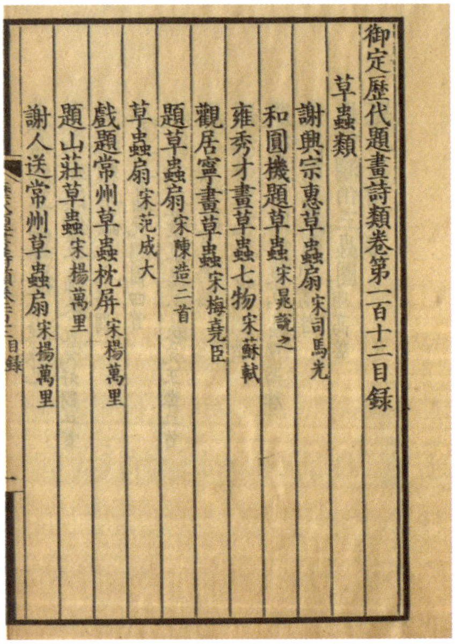
御定歷代題畫詩類卷第一百十二目録
草蟲類
謝興宗惠草蟲扇 宋司馬光
和圓機題草蟲 宋晁說之
雍秀才畫草蟲七物 宋蘇軾
觀居寧畫草蟲 宋梅堯臣
題草蟲扇 宋陳造 二首
草蟲扇 宋范成大
戲題常州草蟲枕屏 宋楊萬里
題山莊草蟲 宋楊萬里
謝人送常州草蟲扇 宋楊萬里

清康熙四十六年（1707）内府刻本《御定历代题画诗类》

唐迄明，分为天文、地理、山水、名胜、古迹等30类，《四库全书总目》评此书为“名物典故，有资考证”。

是书由扬州诗局奉敕承刻，用开化纸刷印，写刻柔美，为清内府之名刻。

第五节　活字本

一、活字本的特点

活字本，是指用活字排版印刷的图书。自北宋出现泥活字后，多种材质的活字本古籍陆续出现，留传至今有较多实物的活字本，主要是木活字和铜活字。

明清时期，木活字印刷普遍流行。江南各地常用木活字排印家谱，目前所见的明清家谱，多为木活字印本。清代木活字印刷成就极高，其中乾隆三十八年（1773）至嘉庆八年（1803）刊印的《武英殿聚珍版书》，规模最大，最具代表性。

明代，苏州、无锡的铜活字印刷成就斐然，目前流传较多的有会通馆、尚古斋、兰雪堂的铜活字印本。清雍正四年（1726）内府铜活字印本《古今图书集成》，质量上乘，是中国铜活字印刷史上的巅峰之作。

活字本有着较为独特的版式特征，可以作为区分雕版和活字的鉴别依据，诸如板框四角缝隙相隔、界格行线与上下栏线互不衔接、行字歪斜不齐、文字墨色忽浅忽深等。

二、版本赏析之铜活字本《太平御览》

《太平御览》是我国宋代的一部著名类书，分55部，共1000卷，凡引古今图书及各种体裁文章共2579种（马念祖《水经注等八种古

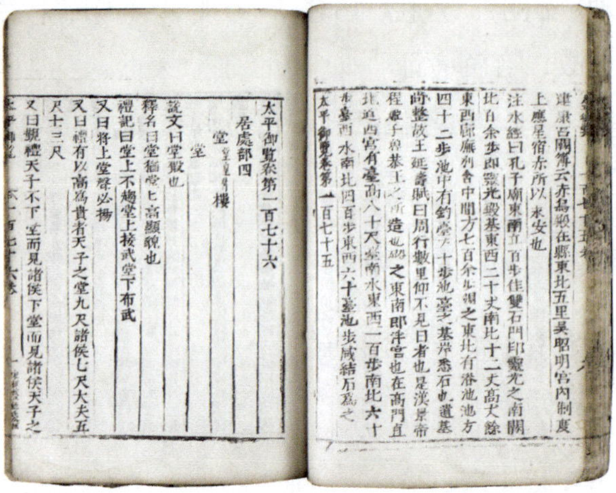

明万历二年（1574）周堂等铜活字本《太平御览》

籍引用书目汇编》)，保存了大量宋以前的文献资料，而这些资料十之七八已经亡佚，让本书显得尤为珍贵，被称为“辑佚工作的宝山”。但由于卷帙庞大，刊刻不易，故传世版本不多，南宋闽、蜀二本今存于日本，国内存世最早的版本有明倪炳校刻本和活字本两种，均刊印于万历年间（1573—1620）。

明万历铜活字本《太平御览》，为明常熟周氏父子共同完成，是珍贵的明代铜活字版本。是书用白绵纸精印，开本阔大，铜活字排版，版面整洁，部分卷首页版心下方镌有“宋板校正闽游氏仝（铜）版活字印一百余部”及“宋板校正饶氏仝（铜）版活字印行一百余部”等字样。

第六章　近现代的版本

近代以来，版本呈现出更为多元的面貌，与之相关的印刷技术、出版机构以及版本载体，展现出全新的样态。传统雕版印刷走向衰落，科学技术深刻影响了印刷技术，版本载体也发生了演变。传统与现代，守旧与维新，乡土与世界，时代转变的历程与不同主题在版本内容上皆有所呈现。

第一节　报刊

一、报刊的特点及发展

报纸、期刊，是指定期或不定期连续出版的印刷品。早期报纸和期刊的区别不明显，往往统称为“报”或“报刊”。我国近代早期的报刊，多由外国人以教会或传教士个人名义创办。随后，中国人自己办刊办报的热潮不断高涨，特别是维新运动、辛亥革命、新文化运动期间，各类报刊纷纷涌现。期刊，亦称“杂志”。报纸与期刊在形式上主要区别在于：报纸是散页的，期刊是装订成册的。

这些中国近代创办的报刊广泛记录了 19 世纪以来我国的社会变革，反映了当时经济、政治、文化及社会生活等各方面的内容。报刊种类繁多、发行较广、内容丰富，改变了人们接受信息的方式，有效地帮助人们了解世界、涤旧布新，对近代社会发展影响深远。

二、著名的报刊

《申报》，原名《申江新报》，清同治十一年三月二十三日（公元 1872 年 4 月 30 日）在上海创刊，是近代中国发行时间最久、具有广泛社会影响的报纸，标志着中国现代报纸的开端。《申报》出版时间长、社会影响广，在中国新闻史和社会史研究上都有重要地位，被称为“研究中国近现代史的百科全书”。

《浙江潮》于 1903 年 2 月 17 日由留日学生浙江同乡会在日本东京创办，以“输入文明”“发其雄心”“养其气魄”“汹涌革命潮”为宗旨，传播、灌输新思想与新知识于国内外中国人，是当时宣传爱国主义精神的重要杂志。

1915 年 9 月 15 日，《新青年》由陈独秀在上海创刊，群益书社发行，第一卷名《青年杂志》，第二卷起改称《新青年》，是五四时期和大革命时期具有重要影响力的革命杂志。该杂志倡导新文化运动，宣传提倡民主与科学，在五四运动期间起到重要作用。

第二节　出版机构

一、出版机构特点及发展

出版物出现近代化变革的内容与新式印刷技术的应用，是近现代出版业兴起的标志。与此同时，近现代专业从事印刷出版的机构也相应发生了剧烈变化。

在近代以来一百多年的风云变幻中，上海出版与上海这座城市同时崛起。上海是近现代中国的出版中心，也是新文化的中心。上海出版者创办的报刊和出版机构数量之多，为其他城市所远远不及。

在浙江，各地书刊印刷厂、所相继建立，出版铅印的新书。辛亥革命前后，同盟会会员及支持国民革命的知识分子创办了《越社丛刊》《农友会报》《妇女旬刊》等期刊。五四运动前后，一批觉醒的青年知识分子先后创办了《浙江新潮》《钱江评论》等期刊，对传播马克思主义、推动革命运动的蓬勃发展发挥了重要作用。

近代思想解放运动兴起，其主要代表人物大都通过编辑出版活跃于政治舞台。其中，龚自珍、魏源、王韬、薛福成、严复等都在江苏活动过。魏源编成了《海国图志》，主张“师夷长技以制夷”，促成了后来维新变法思潮的勃兴，以及编译西方科技著作、创办报刊的热潮。

在江西，一批先进知识分子利用著述出版活动宣传新文化，抨击旧制度。随着土地革命的兴起，江西在中国共产党领导下建立了革命根据地。苏区出版的图书，是一种简捷的覆盖面较广的革命舆论宣传形式。据不完全统计，江西苏区共出版图书 542 种。

此时，安徽出版业也处于急剧转变和发展的时期，主要表现在以下方面：一是铅印和石印技术传入，逐步代替了雕版印刷和木活字印刷，新的印刷术的使用与推广标志着安徽出版业进入崭新的近代化时期；二是报纸、期刊等近代出版物的出现，使书报刊宣传开始发生革命性的变化，由宣传旧思想、旧道德、旧文化转为宣传新思想、新道德、新文化；三是新式印书馆、印书局兴起，旧式官刻、坊刻、家刻由盛转衰。

二、著名的出版机构

商务印书馆于 1897 年创办于上海，1954 年迁至北京，是我国近现代出版史上历史最久、规模最大、最负盛名的文化出版机构。1902 年，张元济入馆，主导其业务由印刷转到出版，逐渐开启商务印书馆的全盛时代。民国时期，商务印书馆主要出版现代社会科学、自然科学著作和新式教科书，编纂《辞源》等各类辞书和“万有文库”“大学丛书”等大型丛书，整理影印出版《四部丛刊》等重要古籍，创办各种期刊20余种。中国共产党的早期领导人陈独秀、李达等曾担任商务印书馆的外聘编辑。中国共产党创立前后，由商务印书馆出版传播马克思主义的书籍有20余种。商务印书馆是马克思主义在中国早期传播的重镇。

浙江官书局，清同治三年（1864）在杭州小营巷报恩寺设立。因有杭州藏书家丁丙、丁申兄弟的“八千卷楼”的支持，其刻书底本选用审慎精当，精校精刻，在“局本”中堪称首位。该书局于1909年并入浙江图书馆，除利用旧式雕版印书外，还出版新书和馆刊、年报等期刊，刊有“章氏丛书”“聚珍版丛书”等。

金陵官书局，清同治三年（1864）由曾国藩组建，是清末创办较早、影响较大的官书局之一。金陵官书局所聘校雠者皆四方饱学之士，且有雄厚的经济实力作后盾，加之底本多为善本，秉持“但求校雠之精审，不问成本之迟速”的原则，故其刊本多质量上乘，被时人视为善本。金陵官书局刊印图书以经史为主，诗文次之。此外，其对西方科技著作也颇为重视，刊印了《几何原本》《重学》《圆锥曲线说》等书籍。

江西官书局，创建于同治二年（1863），一说创建于同治十一年（1872），前期以刻印经史图书为主，此外也有介绍欧美政治思潮和中国经济状况等类图书，如《欧美政治要义》《中外舆地全图》等。

曲水书局，又名曲江书局，清末安徽省官书局，为清末各地最早以重兴文化为名创办的地方官书局之一。早期的印刷品有《李秀成自述》等。

第二部分　版本内涵

·经部元典·史籍文献·诸子百家·诗赋文集·

第七章　经部元典

“经”，原义为纺织时纵向的线，“必先有经，而后有纬”，由此引申出纲领、法则的含义。自汉武帝“罢黜百家，独尊儒术”以后，人们就把儒家的一些重要典籍奉为经典，称之为“经书”。在古代的四部分类法中，经部文献就是儒家的经典作品，以及对它们进行注释、阐述的书籍。

在《四库全书总目》中，经部包括易类、书类、诗类、礼类、春秋类、孝经类、五经总义类、四书类、乐类、小学类等10个大类。

第一节　四书五经

一、“四书”的由来

四书五经为“四书”与“五经”的合称。“四书”是指《大学》《中庸》《论语》《孟子》，“五经”则为《周易》《尚书》《诗经》《礼记》和《春秋》。四书五经是中国古代最重要、最权威的典籍，它们是先秦历史、文化和思想的记录和总结，同时构成了中国传统文化的基本框架和中华文明的精神基础。

南宋理学家朱熹取《礼记》中相传出自曾子的《大学》与源于子思的《中庸》这两篇文章单独成书，与记载孔子言行的《论语》、孟轲所撰写的《孟子》合为“四书”，又称“四子书”。他将自己多年来对“四书”的研究，分别注释、修订为《大学章句》《中庸章句》《论语集注》《孟子集注》，并在晚年将其合刊，后人称之为《四书章句集注》。宋元以后，此书被列为钦定的教科书，成为科举考试的标准读本。

二、从“五经”到“十三经”

孔子用其毕生精力整理了上古留存下来的六部文献，即所谓“删述六经”，其中的《乐经》不传。汉武帝推行“罢黜百家，独尊儒术”的治国方略，将残存于民间的《易》《书》《诗》《礼》《春秋》五部著作定为“经书”，并设立“五经博士”专门研习、教授儒家的这五部经典，“五经”之名由此而来。唐代时，孔颖达等奉敕撰定了“五经义疏”，称为“五经正义”，分别为《周易正义》《尚书正义》《毛诗正义》《礼记正义》和《春秋左传正义》。

自东汉至两宋，“经”的概念不断扩大，一些对经书进行解释、补充、说明的“传”“记”类著作也取得了“经”的地位。唐代把《周礼》《礼记》《仪礼》《春秋公羊传》《春秋穀梁传》《春秋左氏传》与《诗》《书》《易》称为“九经”，唐文宗刻石径，又将《孝经》《论语》《尔雅》列入经部。宋代将《孟子》列入，最终形成了“十三经”的说法。南宋以后，往往将十三经及较好的注、疏、正义合刻在一起，形成一整套经书及注文，称为《十三经注疏》。

将经文与注疏合刻，始于南宋两浙东路的绍兴，共刊有经书六种，称为“越州本六经”。宋刻八行本、十行本《十三经注疏》现今仍有少量留存。元、明、清三代，该书曾被多次刊刻。清嘉庆二十一年（1816），江西巡抚阮元在南昌府学主持校勘刻印的《十三经注疏》版本比较完善，附有校勘记，通行至今。

从“五经”到“九经”再到“十三经”，在儒家经典数量增加和范围扩大的背后，反映了不同时期（或不同地域）的文化背景，也反映出儒学研究者们不同的价值取向和学术旨趣。儒家经典的扩展史，也是儒家经学的发展史和儒家学术的变迁史，是中国儒学发展史的重要组成部分。

第二节　《论语》

一、《论语》的成书

孔子（前551—前479），名丘，字仲尼，儒家创始人，开创私人讲学之风，号称有弟子三千人，晚年修订六经(《诗》《书》《礼》《乐》《易》《春秋》)。孔子去世后，其弟子与再传弟子把孔子及其弟子的言行和思想记录下来，整理编成《论语》。

《论语》成书于战国前期，今本为20篇。此书集中体现了孔子和儒家的政治、伦理、道德、教育等各方面思想。《论语》是儒家经典之一，对中国古代思想文化产生了深远的影响。

二、《论语》的版本流传

1973年河北定州西汉墓出土的竹简本《论语》，目前被认为是《论语》现存最早的抄本。

《论语》成书后，经历了秦朝焚书坑儒及秦末的战乱，曾一度失传，至汉代始出现若干个传本。西汉末年，安昌侯张禹据《鲁论》参考《齐论》编出定本，号《张侯论》；东汉末年，著名经学家郑玄混合《张侯论》和《古论》，编校新本，并加以注释，遂成今本《论语》，后人习惯称之为郑玄本《论语注》。魏晋南北朝时，有何晏等人编撰的《论语集解》十卷，是汉代以来《论语》的集大成著作，为现传最早的《论语》完整注本；又有皇侃编撰的《论语义疏》十卷。宋代以后，有关《论语》的注释本中，较为著名的有邢昺等人编纂的《论语注疏》、朱熹的《论语集注》等。

今浙江衢州被称为“南孔圣地”。据《衢州孔氏南宗家庙志》记载，南宋建炎三年（1129），孔子第四十八世嫡长孙、衍圣公孔端友决定率族人扈跸（随侍皇帝出行）南渡，帮助宋室巩固政权，后被宋高宗赐庙宅于衢州，遂被称为“孔氏南宗”。元代之后，南宗从庙堂走向民间，致力于传播儒家文化。一般认为，孔氏南宗使江南地区经受了一次儒家文化的洗礼，对程朱理学以及历史上浙东学派、永嘉学派、金华学派等都产生了重要影响。

汉代时，《论语》已传入朝鲜半岛，后由百济传入日本，逐渐成为两地儒士的必读书和官吏选拔的教科书，对后世产生了极大的影响。

第三节 《周易》

一、《周易》的成书

《周易》，被称为“群经之首”“大道之源”。古代对“周易”一词的解释，主要有两种：一种是指周代占筮之书；一种是指讲变化的书。《周易》包括《易经》《易传》两部分。《易经》由六十四卦组成，内容包括卦画、卦名、卦辞、爻辞，是《周易》的主体，作为占卜之用。《易传》主要解释卦辞和爻辞，体现了儒家道德思想。今本《周易》的《易传》分十篇，称“十翼”，古时还有其他传文。现在学界多认为《易经》卦及卦爻辞成书于殷末周初，《易传》成书于战国时代。

二、《周易》的版本流传

《周易》现存版本众多。汉魏时期，《易经》研究日益昌盛，人们多以《易》象、《易》数解经。而王弼以老庄思想解《易》，他的注经唐代孔颖达作疏后，列入“五经正义”，使得“义理派”成为主流，“象数派”由此衰落（“义理派”和“象数派”为学习《周易》最主要的两个流派。“义理派”注重《周易》的卦名、卦爻辞和卦象中所蕴含的意义和道理；“象数派”注重对卦象、卦变的研究，依其所理解的道理推断人事吉凶）。到了宋代，“河图”“洛书”“太极图”诸说兴盛，使得“象数学”重新勃兴；而胡瑗、程颐专阐义理，也使“义理学”蔚为大观。此后，“象数”和“义理”两大学派并行不悖。

第四节　小学

一、古代的小学

小学又被称为中国传统语文学，包括分析字形的文字学、研究字音的音韵学、解释字义的训诂学。西汉时称“文字学”为“小学”，唐宋以后又称“小学”为字学，“小学”之名即由此而得。

《尔雅》是周代至汉初历代学者解经的一种汇编，著者不详，是我国辞书之祖，号称是“解经的钥匙”。“尔雅”的意思是接近、符合雅言，即以雅正之言解释古汉语词、方言词，使之近于规范。《尔雅》全书共3卷20篇，今存19篇，共有2091条，合计收字10819个，收词4330多组。

《说文解字》，简称《说文》，是东汉经学家、文字学家许慎编著的文字工具书，成书于东汉建光元年（121）。《说文解字》是我国第一部按部首编排的字典，今存宋初徐铉校定本。全书共分540个部首，收篆字9353个，另有“重文”（即异体字）1163个，解说133441字，对每个字的字义、字形、字音作了分析解释。历代又有多家注释本，如南唐徐锴《说文解字系传》、清代段玉裁《说文解字注》等。

二、现代的小学

《辞海》是一部以字带词，集字典、语文词典和百科词典主要功能于一体的大型综合性辞书。1915年，中华书局总经理陆费逵、《中华大字典》主编徐元诰、中华书局总编辑范源濂等动议编纂，后聘请舒新城主持工作。1936 年《辞海》上册出版，次年下册出版，其主编者为舒新城、徐元诰、张相、沈颐。1947 年出版合订本。第一版《辞海》收单字 13955 个、语词 21724 条、百科 50124 条，总计 85803 条，676 万字。中华人民共和国成立后，经过几代学者、编辑的不懈努力，《辞海》已经出至第七版，共收条目近 13 万条，总字数约为 2400 万字，图片约 1.8 万幅。

《新华字典》是中华人民共和国成立后出版的第一部现代汉语字典，自出版以来，为提高中国人民的文化水平作出了历史性的贡献。第一版《新华字典》由语言文字学家魏建功主持编写，教育家叶圣陶审订，新华辞书社编纂，人民教育出版社 1953 年出版。至今已出至第十二版，成为我国最为常用的工具书之一。

第八章　史籍文献

梁启超在《中国历史研究法》中说："中国于各种学问中，惟史学为最发达；史学在世界各国中，惟中国为最发达。"中国古代史学大家都具有恢宏的历史视野、正确的历史观以及高度自觉的修史使命，认为史学有益于人伦道德与政治借鉴，强调以史为镜、经世致用。

在《四库全书总目》中，史部包括正史类、编年类、纪事本末类、杂史类、别史类、诏令奏议类、传记类、史钞类、载记类、时令类、地理类、职官类、政书类、目录类、史评类、汇编类等16个大类。

第一节　二十四史

一、史部中的"正史"

正史是指主要以纪传体为编撰体例的史书，是史官（或史家）即官方对历史的翔实记录，有别于古代私家编撰的史书。"正史"一词最早见于南朝梁阮孝绪《正史削繁》。而有正史之名，始见于《隋书·经籍志二》，因纪传体《史记》《汉书》等书，以帝王（本纪）为纲，故称正史。《明史·艺文志》又以纪传、编年二体，并称"正史"。至清乾隆年间编修《四库全书》，确定《史记》至《明史》等二十四部正统纪传体史书为正史，即"二十四史"。

二、“二十四史”概览

名称	作者	现存最早刊印版本
史记	〔汉〕司马迁	北宋刊本（集解本）
汉书	〔汉〕班固	北宋末南宋初刊十行本（旧称“景祐本”）
后汉书	〔南朝宋〕范晔	南宋初刊十行本（旧称“景祐本”）
三国志	〔晋〕陈寿	南宋初刊吴书（旧称“咸平本”）
晋书	〔唐〕房玄龄等	南宋前期建刊本
宋书	〔南朝梁〕沈约	南宋刊元明递修本
南齐书	〔南朝梁〕萧子显	南宋前期浙刊本（旧称“眉山七史”大字本）
梁书	〔唐〕姚思廉	南宋前期浙刊本（旧称“眉山七史”大字本）
陈书	〔唐〕姚思廉	南宋前期浙刊本（旧称“眉山七史”大字本）
魏书	〔北齐〕魏收	宋刊元明递修本
北齐书	〔唐〕李百药	宋刊元明递修本
周书	〔唐〕令狐德棻等	宋刊元明递修本
隋书	〔唐〕魏徵等	南宋刊小字本
南史	〔唐〕李延寿	南宋前期刊本
北史	〔唐〕李延寿	南宋中期建刊本
旧唐书	〔后晋〕刘昫等	南宋初期两浙东路茶盐司刊本
新唐书	〔宋〕欧阳修、宋祁等	南宋初期刊本（旧称“嘉祐本”）
旧五代史	〔宋〕薛居正等	清武英殿刊本（辑本）
新五代史	〔宋〕欧阳修	南宋初期刊本
宋史	〔元〕脱脱等	元至正六年（1346）刊本
辽史	〔元〕脱脱等	明初覆元至正五年（1345）刊本
金史	〔元〕脱脱等	元至正五年（1345）刊本
元史	〔明〕宋濂等	明洪武三年（1370）内府刊本
明史	〔清〕张廷玉、万斯同等	清乾隆四年（1739）刊本

第二节 《史记》

一、《史记》的成书

《史记》，原名《太史公书》，是西汉史学家司马迁撰写的中国第一部纪传体通史，全书共130篇，分为本纪、表、书、世家、列传五部分。这种以人物传记为中心叙述史实的编史方法，被后来历代正史所沿袭。《史记》被鲁迅誉为“史家之绝唱，无韵之《离骚》”。

《史记》叙事上至黄帝时代，下迄汉武帝太初年间，共3000年左右的历史。班固在《汉书·司马迁传》中评价：“其文直，其事核，不虚美，不隐恶，故谓之实录。”由于古时的相关文献多已散佚，因此《史记》作为信史具有十分重要的史料价值。

二、《史记》的版本流传

司马迁去世后，汉宣帝时《史记》开始流传。但不久后其中10篇即亡佚，今本为后人续补。魏晋时期《史记》流布稍广。后刘宋裴骃作《史记集解》，主要汇聚诸家的解释。唐代司马贞作《史记索隐》，“索隐”即“索引”，着重考证人名、地名、史料真伪、典故出处；张守节作《史记正义》，“正义”也叫“疏”，是对前人注解的补注，同时还对一些字加了音注。三者原本各自单行，后形成了三家注合刻本。

第三节　方志

一、方志的源流与发展

地方志，古称地志、地记、图经、方志等，是指全面、系统地记述某一地方自然、政治、经济、文化、社会的历史与现状的资料性文献。国有史，地有志，家有谱，梁启超称“最古之史，实为方志”，编修地方志历来为各级地方政府所重视，已有2000多年的历史。

“方志”名称最早见于《周礼·地官》“诵训，掌道方志，以诏观事”句，指的是方国情况的记述。宋以后，这一名称固定为地方文献的专用名词之一。

二、方志的类型与特点

方志一般可分为两种：一是区域志，如总志、府志、县志、合志、边关志、卫志、道志、土司司所志等；二是专志，如专业志（农业志、林业志、商业志等）、部门志、事物志（佛寺志、道观志、名山志、河流志等）、专题志（风土志、物产志、艺文志、土地改革志等）、人物志等。

江南是全国地方志编纂历史最悠久，编纂频率最高，历代志书数量最大、品种最全、质量最好的地区之一。南宋范成大所著《吴郡志》，更是地理图经演变为地方志的重要标志，《四库全书总目》称《吴郡志》“征引浩博，而叙述简核，为地志中之善本”。

三、版本赏析之《雍正浙江通志》

《雍正浙江通志》（280卷，首3卷），清李卫等修，傅王露等撰。此志自清雍正九年（1731）二月开局编纂，至雍正十三年（1735）十二月，历时五年成书。主修者先后有总督李卫、郝玉麟、程元章、嵇曾筠，巡抚王国栋，布政使王纮、张若震等；编纂者有沈翼机、傅王露、陆奎勋诸人。《雍正浙江通志》体例完备，内容繁复。全书共分54门，较前志增益17门。所增经籍、碑碣2门，尤为详赡。《四库全书总目》称该志“视他志体例特善”。

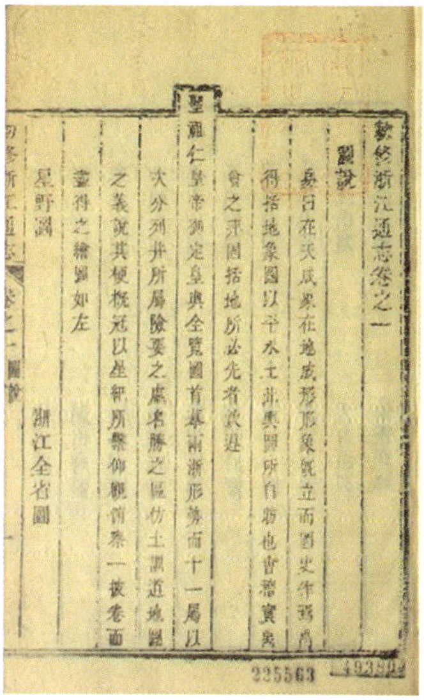

清乾隆元年（1736）刻《雍正浙江通志》

此书流传版本，除乾隆元年（1736）原刊本外，另有嘉庆十七年（1812）修补重刊本、光绪二十五年（1899）浙江官书局复刻本等。

第四节　家谱

一、家谱的源流与体例

家谱，又称“族谱”“家乘”“祖谱”“宗谱”等，是一种以表谱形式记载以血缘关系为主体的家族或宗族世系繁衍和重要人物事迹的特殊图书体裁。就内容而言，家谱是中华五千年文明史中最具有平民特色的文献，是一个家族或宗族的生命史，既记录家族或宗族的来历、迁徙的轨迹，又包含家族或宗族生息、繁衍、婚姻、族规、家训等历史文化的全过程，是一个家族或宗族有序传承的鲜活证明。

家谱的体例，是家谱在长期的发展过程中逐渐成熟完善起来的。先秦时期，中国家谱处于始创阶段，其时家谱的体例都非常简单，一般都只是按照世系的先后，简单地叙述家族或宗族的人物及其世系关系。宋代是我国家谱体例发展最为重要的历史时期，家谱体例发展到此时已基本定型。许多文人学士亲自创制谱例，其中尤以欧阳修和苏洵影响最为深远，他们所创立的谱例，并称为“欧苏谱例”。“欧苏谱例”由谱序、谱例、世系图、世系录、先世考辨等五项内容构成。后世修谱“动引欧苏谱例”，因而成为私谱体例之圭臬。

二、家谱中的图像与堂号

家谱中的图像包括祖先肖像、风水图、村庄图等。家谱图像是家族或宗族生存状态的重要佐证，为家族或宗族传承提供了一个最直接的背景参考，使家谱不再局限于文字记录，变得鲜明而生动起来。

家谱中的堂号与郡望的情况大致相同。大多数情况下，堂号所表示的意思是某一家族或宗族的出身非同一般，值得标榜和夸耀。从某种意义上来说，堂号与郡望仅是名称来源上的不同，在本质上并没有太多差别。堂号很多时候是相关家族或宗族及其支派的历史记录，尤其是记录那些非同一般的历史，称颂祖先的丰功伟绩、科第功名、官号封爵，重温曾经有过的辉煌，以勉励后人继承祖先事业，并将其发扬光大。

三、家谱中的家训

家训是家谱中的重要组成部分之一。家训是指家庭对子孙立身处世、持家治业的教诲，在中国历史上对个人的修身、齐家发挥着重要的作用。家训是古代中国家族或宗族的重要传统文化符号，承载着家族或宗族的价值观、道德规范和行为准则，对传统家族或宗族教育起了很大的作用，也是社会稳定与和谐发展的重要因素。

第五节　舆图

一、舆图的源流与发展

舆图在古代是地图的意思。“舆”字古义为车厢，可承载万物，引申为舆地。中国古代舆图可分为天下寰宇图、疆域政区图、沿海图、河工图、交通图、城市图等。

中国绘测地图的历史十分古老，而且长期领先于其他国家。中国古地图的绘制方法一直与众不同，可以分为四种绘制方法和风格：形象画法、符号法、计里画方法、投影经纬法。古人绘制地图不仅注重地图的实用性，而且讲究艺术性。

二、舆图的类型与特点

传统舆图是历史时空的缩影，反映了中国历代在疆域开拓、政区规划、城市营建、江河治理、物产风貌等方面的情况，凝聚了古人对自然地理、体国经野、社会人文、地产风俗等各个层面的认知。不同的编绘目的形成了多样的舆图类型，如疆域政区图、交通图等。

疆域政区图是最常见的中国古代舆图，大到全国疆域总图、分省舆图，小至州、县舆图，内容涵盖一地行政建制；交通图反映了一地关津、驿站道途的历史背景，展示了城池防御体系沿交通道路分布的特点；城市图主要为了地方治理而绘制，是研究中国古代城市的重要史料；沿海图反映了中国人对海岸空间的认识、海疆开放程度、海上对外交往情况等内容。

三、版本赏析之《浙江全省舆图并水陆道里记》

清光绪年间（1875—1908），湖州知府宗源瀚组织测绘人员，考察浙江各府县山川、河流、城邑、道路，历时三年，最终于光绪十九年（1893）撰成《浙江全省舆图并水陆道里记》。

书中地图除《浙江全省百里方图》为单幅外，其余均为拼图，并注有拼图式和详尽的文字说明，包括府图说和厅、州、县沿革，以及各厅、州、县水路道里记和陆路道里记。该图集的特点是以水路与陆路交通为中心，无论是舆图还是水陆道里记，都在道路交通的标注上尽可能详尽。

《浙江全省舆图并水陆道里记》详细呈现了当时浙江的人文与自然地理信息，内容表示详尽，绘制水平较高，名称注记规范、清晰、准确。全书用白绵纸刊印，印制美观，堪称全省舆图局编制地图之精品。此书的出版同时体现了中国旧制图方法向近代新式地图制图方法的转变。

第九章　诸子百家

诸子书即各个学术派别的思想著作。但中国古典目录四部分类的子部典籍，远远超出诸子思想论著的范畴，宗教、科技、类书、杂著皆列于子部。大抵凡经、史、集三部无法容纳者皆入子部，以至子部典籍日益庞杂。

在《四库全书总目》中，子部包括儒家类、兵家类、法家类、农家类、医家类、天文算法类、术数类、艺术类、谱录类、杂家类、类书类、小说家类、释家类、道家类等14大类。

第一节　道家类

一、道家类的特点与内容

道家类主要著录与道家及道教有关的书籍。《汉书·艺文志》“诸子略”有“道”一类，“方技略”下有神仙、房中二类。《隋书·经籍志》归“道”类于子部，在经史子集之外另立“道经部”，细分经戒、饵服、符箓、房中四类。《崇文总目》将“道经部”改为“道书类”，另设“道家类”。《四库全书总目》将“道书类”与“道类”并为“道家类”，归属子部。

二、版本赏析之《道德经》《南华经》

老子，一般认为姓李名耳，字聃，道家创始人和主要代表人物。其所作《道德经》是道家哲学思想的重要来源，分《道经》与《德经》。在流传早期，多称《老子》或《老子经》，魏晋以后，注释者们多称其为《道德经》。老子思想对中国哲学发展具有深刻影响，其思想核心是朴素的辩证法。现存最早的《道德经》版本，是在湖北荆门郭店楚墓中出土的战国竹简本。

庄子（约前369—前286），庄氏，名周，字子休（一说子沐），战国时期宋国蒙（今河南商丘东北，另说为今山东菏泽或安徽亳州）人，著名的思想家、哲学家、文学家，是道家代表人物、老子哲学思想的继承者和发展者、先秦庄子学派的创始人，与老子并称为“老庄”。《庄子》是其代表作，又称《南华真经》或《南华经》，现存33篇，分为外篇、内篇、杂篇，全书以“寓言”“重言”“卮言”为主要表现形式，继承老子学说又发展了新说。庄子蔑视礼法权贵而倡言逍遥自由，内篇的《逍遥游》《齐物论》和《大宗师》集中反映了此种批判性哲学思想。其行文汪洋恣肆，瑰丽诡谲，意出尘外。

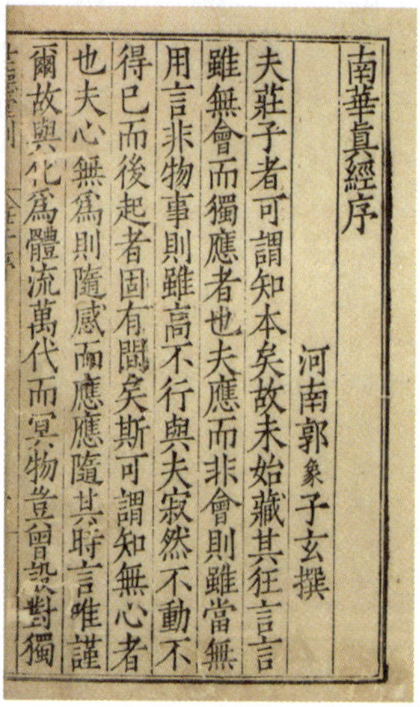
南華真經序
河南郭象子玄撰
夫莊子者可謂知本矣故未始藏其狂言
雖無會而獨應者也夫應而非會則雖當無
用言非物事則雖高不行與夫寂然不動不
得已而後起者固有閒矣斯可謂知無心者
也夫心無爲則隨感而應應隨其時言唯謹
爾故與化爲體流萬代而冥物豈曾設對獨

明嘉靖间世德堂刻《南华真经》

第二节　谱录类

一、谱录类的特点与内容

谱录特指古人以所辑人事类别或系统编成的图籍。魏晋后，记物类谱书大兴，然此类著述在各种书目中难以归类。宋代谱录繁兴，既有官修的《宣和博古图录》，也有众多私家著述，实际数量大概有百种之多。具体的内容或器物，或饮馔，或草木禽鱼，不仅增人闻见，且因其引书多而翔实，又足资辑佚考订，小而至于成为各类物事的小型类书，大而至于可考一朝之政治。宋人尤袤的《遂初堂书目》创“谱录”一门，别类殊名，咸归统摄。《四库全书总目》因尤袤之创，专设“子部·谱录类”，并于其下析出“器物之属”“食谱之属”和“草木鸟兽虫鱼之属”三小类。

二、版本赏析之《茶经》

《茶经》是中国乃至世界现存最早、最完整、最全面的介绍茶的专著，被誉为“茶叶百科全书”，唐代陆羽所著。此书是记载茶叶的历史、源流、性状、栽培和生产技术、饮茶技艺、茶道原理等内容的综合性论著，是划时代的茶学专著。

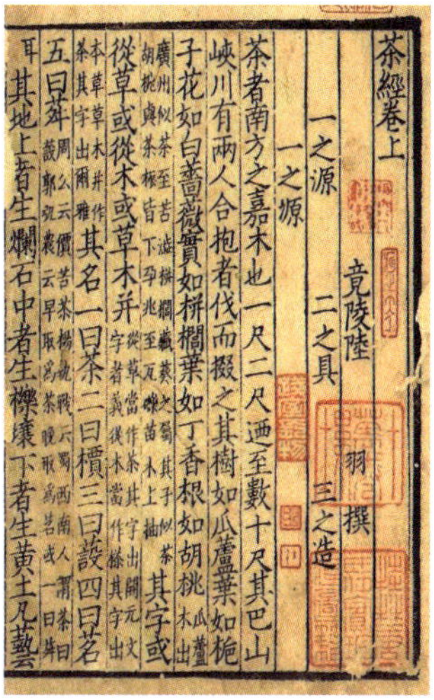
茶經卷上
竟陵陸　羽　撰
一之源　二之具　三之造
一之源
茶者南方之嘉木也一尺二尺迺至數十尺其巴山
峽川有兩人合抱者伐而掇之其樹如瓜蘆葉如梔
子花如白薔薇實如栟櫚葉如丁香根如胡桃瓜蘆木出
廣州似茶至苦澁栟櫚蒲葵之屬其子似茶
胡桃與茶根皆下孕兆至瓦礫苗木上抽
從草或從木或草木并
從草當作茶其字出開元文字音義從木當作榤其字出
本草草木并作荼其字出爾雅
其名一曰茶二曰檟三曰蔎四曰茗
五曰荈
周公云檟苦荼楊執戟云蜀西南人謂茶曰蔎郭弘農云早取爲茶晚取爲茗或一曰荈耳
其地上者生爛石中者生櫟壤下者生黃土凡藝

南宋咸淳九年（1273）刊《百川学海》本《茶经》

《茶经》版本丰富，历代以来至少不下 50 种，大致有四类：一是注本，二是无注本（即《说郛》本），三是增本（即加入《茶具图赞》），四是删节本。今存世最早的《茶经》版本是南宋咸淳九年（1273）开始刊刻的《百川学海》本，是为主流本。

第三节　医家类

一、医家类的特点与内容

《四库全书总目》在子部医家类著录古代医书 97 部，存目

100 部，总计 197 部。四库总纂官纪晓岚在《济众新编序》一文中认为："医虽一技，亦民命之所关，故升诸他艺术上也。"他将医家列于儒家、兵家、法家、农家之后，为子部第五。其收录的医书依照时代顺序编排，始于《黄帝素问》，终于清人徐大椿的《医学源流论》，包括了中国两千多年间有影响的医经、方书、本草及临床诸科著作。

二、版本赏析之《本草纲目》

《本草纲目》由明代李时珍在宋代唐慎微《经史证类备急本草》的基础上编撰而成。李时珍所创立的医学纲目体，将本草学提高到具有高度科学性的体系结构中，使得查找每一种药物如同查字典或百科全书一样简单。

全书医药结合，除了以药为纲、就药论治之外，还摘录了中医药的基本理论，立病名为纲，列主治药为目，可以按病查药，科学性与实用性并存。李时珍的儿子李建元和李建木还绘制了 1100 多幅精美的药图，可以帮助人们图药对照，甚至按图寻药。

《本草纲目》现存最早的版本是明万历二十四年（1596）金陵胡氏刻本，是后世所有《本草纲目》的祖本。

第四节　农家类

一、农家类的特点与内容

我国农书集中记载和反映了传统农业的科技知识和生产经验。从春秋战国至清末，官私撰著的农书共有 500 多种，至今尚存和被辑佚成书的不少于 300 种，其体例完备，内容丰富，代有传沿和创新。

历代官私目录中，子部农家类农书收录极为冗杂。四库馆臣"逐步汰除，惟存本业”，再度回归重农贵粟的初衷。《四库全书总目》在子部农家类中共收录 19 部农家书著录，多为综合性农书，且各书之间互相影响、互相补充、传承发展。

二、版本赏析之《齐民要术》

《齐民要术》为北魏贾思勰所著，约成书于公元 533—544 年间。“齐民”意为平民百姓，“要术”指谋生的重要方法。全书共 10 卷 92 篇，系统地总结了北魏及之前黄河流域的农牧业生产经验、技术知识和植物种类，反映出我国古代农业科学等方面的辉煌成就。它是我国完整保存至今的最早的古代农学著作，也是世界上最著名的农业文献之一。后世许多农书，如元代的《农桑辑要》《王祯农书》，明代徐光启的《农政全书》和清代的《授时通考》等都汲取了《齐民要术》的成果。《四库全书简明目录》评价称“农家诸书，无更能出其上者”，达尔文在《物种起源》中称它为“中国古代的百科全书”。

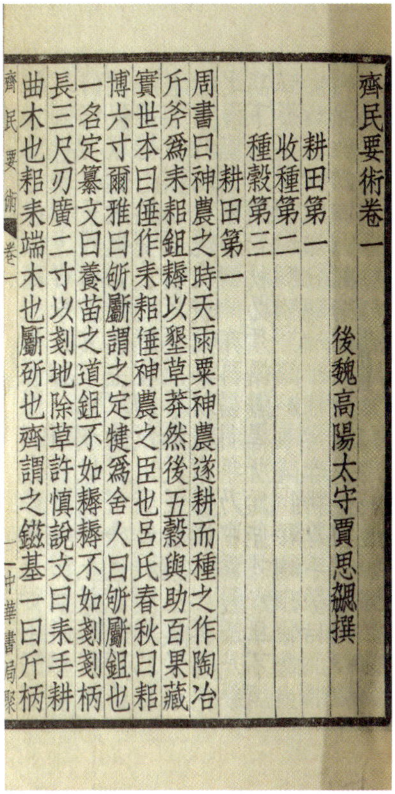
齊民要術卷一

後魏高陽太守賈思勰撰

耕田第一

收種第二

種穀第三

耕田第一

周書曰神農之時天雨粟神農遂耕而種之作陶冶斤斧爲耒耜鉏耨以墾草莽然後五穀與助百果藏實世本曰倕作耒耜倕神農之臣也呂氏春秋曰耜博六寸爾雅曰斪斸謂之定犍爲舍人曰斪斸鉏也一名定纂文曰養苗之道鉏不如耨耨不如剗剗柄長三尺刃廣二寸以剗地除草許愼說文曰耒手耕曲木也耜耒端木也斸斫也齊謂之鎡基一曰斤柄

齊民要術 卷一 一 中華書局聚

民国二十五年（1936）上海中华书局铅印本《齐民要术》

《齐民要术》在流传过程中版本众多、情况复杂，现存最早版本为北宋天圣年间（1023—1032）崇文院刻本，南宋绍兴年间（1131—1162）刻本（龙舒本）是其子本。

第五节　术数类

一、术数类的特点与内容

术数，又称“数术”。其中，术，指方术、方法；数，为理数、气数。术数最早指经国之术、权谋之术，汉代时正式成为一种借助阴阳、五行、八卦理论，探索自然变化、预测国家兴亡、占验人事吉凶的知识体系。

术数作为中国传统文化中非常复杂且具有神秘色彩的一种非主流文化，与中国古代天文、历法、医学、化学等领域取得的科技成就紧密相关。

广义上的术数包括天文、历谱、数学、星占、六壬、太乙、奇门遁甲、运气、占候、卜筮、命理、相法、堪舆、符咒、择日、拆字、择吉、杂占、养生术、杂术等，狭义的术数则专指预测吉凶的法术。除天文、历谱外，后世称术数者，一般专指各种迷信。

二、版本赏析之《开元占经》

《开元占经》全名《大唐开元占经》，共120卷，作者是唐代瞿昙悉达，成书时间约在公元718—726年之间，是中国古代天文学著作之一，保存了唐以前大量的天文、历法和纬书的资料。

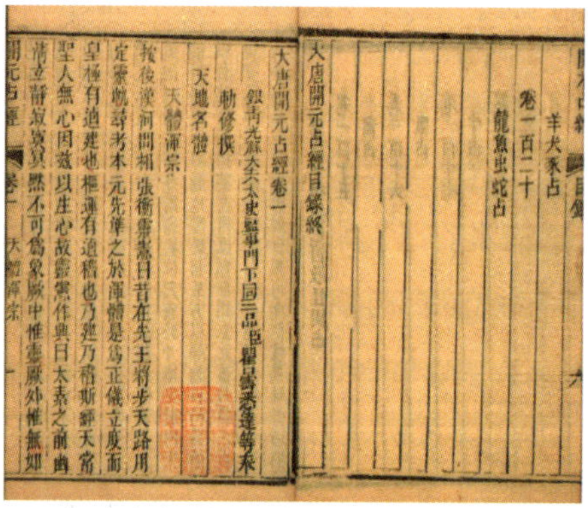

清道光恒德堂刻本《开元占经》

第十章　诗赋文集

集部是我国古代图书四部分类法中的第四部，为各时代文集的总汇，源于西汉《七略》中的“诗赋略”。南方文学受《楚辞》《庄子》的影响，充满瑰丽的浪漫主义想象，与山水、田园融为一体，构成独特的江南文化景象。江南地区文化繁荣、人才荟萃、流派众多，诗文、书画、戏曲成就独领风骚，形成丰富的集部文献。

在《四库全书总目》中，集部包括楚辞类、别集类、总集类、诗文评类、词曲类等 5 个大类。

第一节　长江流域代表性文学家和文学流派

一、长江流域的三大文化系统

从传统上看，长江流域自上游至下游大致形成了三大文化系统，即巴蜀文化、荆楚文化、吴越文化。“蜀”的古义为“葵中蚕也”，巴蜀文化主要地理位置涵盖四川盆地中西部平原地区、重庆、川东及鄂西等地。荆楚文化因楚国和楚人而得名，是周代至春秋战国时期在汉江流域兴起的一种地域文化，主要是指以当今湖北地区为主要辐射地的古代荆楚历史文化。吴越文化又称江浙文化，是汉文明的重要组成部分，也是江浙的地域文化。吴越文化区以太湖流域为中心，其大致范围包括今上海、江苏南部（江北沿江部分县市）、浙江、安徽南部、江西东北部。吴越文化又可细分为“吴文化”和“越文化”，两者同源同出。

万古奔腾的长江滋养了源远流长的中华文明，哺育了一代又一代文化巨人。这条黄金水道，因其一水之便，一代代的诗人和作家行走于江水之上，以诗词歌赋一路点亮这条大江，让它放射出万古不灭的奇光异彩。

二、长江流域代表性文学家与文学流派

长江流域代表性文学家和文学流派简图如下：

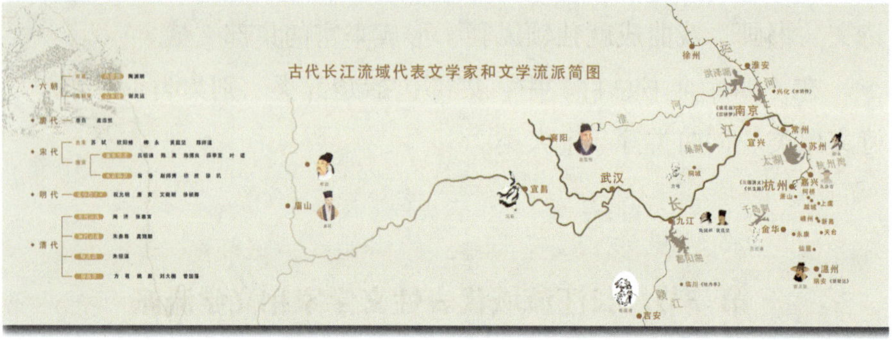

三、版本赏析之《楚辞》

长江给荆楚人民带来了灌溉之利、舟楫之便、鱼米之裕，湖北则是荆楚文化的发祥地，拥有浪漫主义文学艺术的土壤，屈原创立的“楚辞体”（又称“骚体”）成为对我国文学产生重大且深远影响的文学巨制，是楚文化的奇珍。

《楚辞》是我国第一部浪漫主义诗歌和骚体类文章总集。全书共 17 篇，以屈原的作品为主，其余各篇也承袭屈赋的形式，运用

楚地的文学样式、方言声韵和风土物产等，具有浓厚的地方色彩。其中，以屈原的代表作品《离骚》《九歌》《天问》等最为著名，广为流传。

第二节　唐诗宋词

一、诗词中的江南

唐诗、宋词是中国古典文学史上的两座高峰。唐诗皇皇数万首，包含的题材多样，既有个人情感的抒发，亦有对现实社会的深刻反映，意境深远，达到了高超的艺术水平。词是一种诗歌艺术形式，是中国古代诗体的一种，亦称“曲子词”“诗余”“长短句”“乐府”等，在宋代达到顶峰，标志着宋代文学的最高成就。

自古以来，江南就是诗人歌咏的对象，江南的小桥、流水、风物、美人，都令诗人们无法忘怀。“江南好，风景旧曾谙。日出江花红胜火，春来江水绿如蓝。能不忆江南？”白居易的《忆江南》脍炙人口。苏轼在杭州写下名诗《饮湖上初晴后雨》，其中的两句“欲把西湖比西子，淡妆浓抹总相宜”，为西湖做了最贴切的形容。从唐宋起，诗词中所赋予的江南文化，让江南从一个地理名词真正变为一个饱含着美丽、文气与富庶，被世人不断向往的意象。

二、版本赏析之《相思》

王维的《相思》是唐代绝句名篇，在当时被谱成乐曲广为传唱，深受人们喜爱，诞生之后的1000多年间，其版本有30余种之多，举例如下：

红豆生南国，秋来发几枝。赠君多采撷，此物最相思。	〔唐〕范摅《云溪友议》
红豆生南国，秋来发几枝。赠公多采摘，此物最相思。	〔宋〕蔡梦弼《杜工部草堂诗笺》
红杏生南国，秋来发故枝。劝君休采撷，此物最相思。	〔宋〕洪迈《万首唐人绝句》
红豆生南国，秋来发几枝。赠公多采撷，此物最相思。	〔宋〕阮阅《诗话总龟》
红豆生南国，秋来发几枝。赠君多采摘，此物最相思。	〔宋〕陈景沂《全芳备祖》
红豆生南国，秋来发旧枝。赠君多采撷，此物最相思。	〔元〕胡古愚《树艺篇》
红豆生南国，秋来发几枝。赠君多采择，此物最相思。	〔明〕唐胄《（正德）琼台志》
红豆生南国，春来发几枝。赠君多采摘，此物最相思。	〔明〕郑明选《郑侯升集》
红豆生南国，秋来发故枝。劝君休采撷，此物最相思。	〔明〕顾起经《类笺唐王右丞诗集》
红豆生南国，秋来发几枝。赠君频采摘，此物最相思。	〔明〕田艺蘅《留青日札》
红豆生南国，秋来发故枝。愿君多采撷，此物最相思。	〔清〕彭定求等《全唐诗》
红豆生南国，秋来发几枝。愿君多采撷，此物最相思。	〔清〕王士祯《唐贤三昧集》
红豆生南国，春来发几枝。劝君休采撷，此物最相思。	〔清〕王士祯《唐人万首绝句选》
红豆生南国，春来发几枝。愿君多采撷，此物最相思。	〔清〕陈婉俊补注蘅塘退士《唐诗三百首》

《相思》可能是一首赠别诗，即王维送给好友李龟年的；也可能是在乐坊为伶人随口吟就或在类似的场所口占而成。总之，王维本人并未十分属意，本诗也未受到当时诗坛的重视，所以在长达400年左右的时间里，《相思》都没有被收入正式的诗歌选集，而只是借李龟年之口，或通过他人的笔记，或诗话得以传世。也正是因为这种“非典型”或曰“非正式”的流传，造成了大量的异文。

第三节　江南俗文学

一、江南俗文学的源流与发展

所谓“俗文学”，属于通俗文学、民间文学和大众文学范畴，通常流行于民间，为大众所爱好、所喜欢。俗文学的应用范围广泛，除诗与散文之外的小说、戏曲、变文、弹词等，几乎都可归为俗文学。

自先秦至近代，每个时代一般都呈现出各有特色的俗文学形式，如六朝的民歌，唐代的民间歌赋、变文，宋、金的杂剧词、鼓子词与诸宫调，元代的散曲，明、清的民歌、宝卷、弹词、鼓词、子弟书、小说等。江南俗文学受到时代主流形式的影响，又呈现出独特的风貌。

二、江南俗文学的类型与代表作

六朝时期，江南俗文学的主要形式是民歌，以产生于长江下游的“吴声歌曲”为代表，多收录于宋人郭茂倩编次的《乐府诗集》。今中国国家图书馆所藏的宋刻《乐府诗集》，字体方严，气息朴厚，据推测当为两宋之交浙江杭州官刻本。

作为“说话”（说讲故事）的底本，宋元话本供说书人使用，也是江南俗文学的重要载体，对明清小说影响深远。此外还有产生于温州一带的南戏。

明代江南的俗文学主要为民歌和小说。前者首推冯梦龙所编《山歌》。后者的经典作品为冯梦龙编著的《喻世明言》《警世通言》《醒世恒言》和凌濛初创作的《初刻拍案惊奇》《二刻拍案惊奇》。

清代，小说依旧是主要的文学形式，此时出现了用较为纯粹的吴语写就的作品，如对话全是苏白的《海上花列传》和通篇采用吴地方言的《何典》。六十四回本《海上花列传》初版于光绪二十年（1894），以石印刊行。

“白蛇传”是家喻户晓的民间故事，最早来自宋人话本小说《西湖三塔记》。至明代冯梦龙《警世通言》中的《白娘子永镇雷峰塔》，“白蛇传”故事情节基本定型。至清代发展成为玉山主人的章回小说《雷峰塔奇传》、方培成的戏曲《雷峰塔传奇》等，“白蛇传”的主题也发生了质的变化。

第三部分　版本生成与典藏

- 版本的生成
- 版本的典藏

第十一章　版本的生成

中华五千年文明，辉煌灿烂，绵延不绝，博大精深，其间是先人“为天地立心，为生民立命，为往圣继绝学，为万世开太平”的宏图之志。一代又一代先贤著书立说，一批又一批巧匠精进工艺，一辈又一辈志士传承守护，才使得中华文明璀璨夺目。世界上最大的类书《永乐大典》和最大的丛书《四库全书》，正是中华文明智慧的结晶。

第一节　著作、校勘与传播

一、著作

著作方式是指作者对其著作所负有的责任形式。我国文化源远流长，古籍著作方式多种多样，常常一本书里有多种著作方式，主要可以分为以下三种类型：

一是原创类著作方式，主要是阐述自己的观点或者进行创造性艺术创作的作品，责任方式主要有“撰”“著”“作”“拟”“学”“绘”“书”“篆”等。

二是加工类著作方式，主要是通过注释评点已有文献衍生出来的作品，责任方式主要有“传”“说”“记”“话”“故”“训”“注”“笺”“章句”“集解”“义疏”“音注”“疏证”“评点”“批注”“题跋”等。

三是编述类著作方式，主要是对旧有的文献进行整理编次，不加著者自己的观点，以崭新的体例呈现出来的作品，责任方式主要有“编”“纂”“修”“辑”“述”“论”“纪”“录”“抄（钞）”“抄撮”“缀辑”等。

二、校勘

在读书过程中，人们常能发现书籍的错误，或批注自己的见解，于是校书之风兴起，促进了新的版本产生。从古至今，书籍在长期流传的过程中，在文字和编次上都发生了变化，产生了不同的版本。有时候，版本的不同会影响到读者对文本内容的理解和对知识的接受。清顾广圻《思适斋集》卷一二《石研斋书目序》谈道：“盖由宋以降，板刻众矣。同是一书，用较异本，无弗夐若径庭者。”因此，读书宜求善本，应当选择文本完整、校勘精良、时代较早、符合原稿的版本。而在读书过程中，古人习惯于随文批注，批注中常含有对不同版本异文的记录和对文本正误的判别。这也推动了书籍校勘业的兴起。

古书传世既久，自然免不了存在许多错误，特别是雕版印刷术盛行以前，书系手写，更容易以讹传讹。举凡字体的缺谬、语句的脱落，乃至衍文增句，无所不有。校勘过程中使用不同的文字载体，可以说是版本兴起的最早体现。汉刘向《别录》云：“雠校：一人读书，校其上下，得谬误，为校；一人持本，一人读书，若怨家相对，为雠。”

长沙金盆岭9号墓出土的西晋永宁二年（302）青瓷对坐校雠俑，展现出当时校勘书籍的情形

三、传播

书是人类文明的结晶，从产生到流传的千百年间，从一个人、一群人的智慧，变成一个民族的文化宝藏，离不开版本的传播。下面介绍一下这一过程中涉及的主要术语。

稿本：一部作品写作完毕但尚未刊印的原始记录，是作品的最初版本形态，分手稿本、清稿本和修改稿本等。由作者亲笔书写的为手稿本，由别人誊写又经著者修改校定的为清稿本，由作者或其亲属、门生、友朋修订改写过的为修改稿本。

抄本：以某一传本为底本，抄写而成的书本。

影抄本：也称“影写本”，以某一传本为底本，按照底本文字的行款格式、版框大小、文字内容摹抄，其版面形象与底本惟妙惟肖，故名。

底本：抄写、刊印、校勘等所依据的本子。

刻本：雕版印本的简称，指雕刻木板制成阳文反字印版，而后敷墨覆纸印刷而成的书本。

初印本：第一次刻版印制的书本。

翻刻本：也称“覆刻本”，是按照某一底本翻雕印制的书本。

影刻本：按照某一底本原样摹刻印刷的书本。

重修本：也称“修补本”，指用修补过的旧版刷印而成的书本。

递修本：用经过两次或两次以上修补过的旧版刷印而成的书本。

过录本：将其他传本中所载的他人批校文字照样移录过来的书本。

影印本：以某一版本为底本，用照相的方法制成印版，上机印刷而成的书本。

批校题跋本：书中带有批、校、题、跋的书本。

注本：带有注释的版本。

善本：应具备较高的历史文物性、学术资料性和艺术代表性，或存世稀少的古籍。

孤本：仅有一份在世间流传的版本。

第二节 《永乐大典》

一、《永乐大典》的编纂和流传

明永乐元年（1403），明成祖朱棣为消弭“靖难之役”后朝野上下的不平之气，意图以文治笼络人心，决定编纂一部大型类书。永乐三年（1405），由姚广孝、解缙为主，延揽四方文儒宿学2000多人，广集天下图书七八千种，按韵编排，汇为一书。永乐五年（1407）定稿，成祖审阅后甚为满意，并亲自撰序，正式定名《永乐大典》，后称为正本，藏南京文渊阁，后移贮北京文楼。全书计22877卷，凡例与目录60卷，分装11095册，共约3.7亿字。

嘉靖四十一年（1562），明世宗朱厚熜命重录一部，至穆宗隆庆元年（1567）完成，藏皇史宬，后称为副本，正本在重录后不知所终。

副本在清乾隆开四库馆修书清点时，发现仍存9000余册。此后，《永乐大典》未受到清政府重视，由于监守自盗，又遭鸦片战争、八国联军侵华战争等战乱，书册快速失散。目前存世约400册，散落在中国（含台湾地区）、日本、美国、英国、德国、爱尔兰等国家和地区。

二、《永乐大典》的版本特征

《永乐大典》是世界上最大的类书。类书，指从各种书籍中采辑资料按其性质内容分类编排以便查寻的工具书，其作用除了便于读者查阅、搜集资料外，还有保存图书、辑佚的作用。通过类书，可恢复还原已亡佚的图书，形成“类书本”，也称为“辑佚本”。《永乐大典》保留了秦汉至永乐初，特别是宋元时期的大量珍贵文献，《四库全书》在编修时，从《永乐大典》中辑出已亡佚图书 495 种。

《永乐大典》开本宏大，高 50.3 厘米，宽 30 厘米，采用包背装，书衣用多层宣纸硬裱，外面用黄绢包裹，庄重大方。

《永乐大典》正文内容通行的规则是用一行大字墨书辞目，用双行小字朱笔记载作者和书名，墨笔记载书中的篇名、内容，断句及标声符号用红色小圆戳钤印。除标题首字用多种篆、隶、草体书写外，正文都用楷书“台阁体”，所谓“院体细楷沙画锥”。

《永乐大典》选用以构树皮和嫩竹为主要原料制成的混料纸，纸张厚度约 0.12 毫米，俗称“白绵纸”。誊写均用徽墨，不干不酥，湿润有光，古香古色。朱墨则以朱砂等矿物质制成，经久不褪颜色，粲然悦目，便于阅读。

《永乐大典》中插图的式样和种类非常多，包括人物肖像、博古器物以及宫室建筑、园艺花木、山川地图等。这些插图有明初画家所绘，也有临摹宋元旧本，在绘画史、书籍插图史等层面具有很高的价值。

三、杭州国家版本馆寄存入藏的两册《永乐大典》

杭州国家版本馆有幸寄存入藏两册私人藏家购得的《永乐大典》，它们的回归之路可谓不易。

2020 年新冠肺炎疫情暴发并蔓延全球，6 月法国博桑—勒费福尔拍卖行发布最新拍卖信息，其中包含两册《永乐大典》。受疫情影响，中法两国人员往来不便，国内有识之士只能通过书影作初步鉴定，国内公藏单位更是来不及报批。故宫博物院研究员翁连溪老师获悉后，随即向对方索要细图，对方发来了 39 张图片。面对这些图片，翁老师写道：“其间，我又多方查阅相关文献，以判别真伪。当时，疫情汹汹，去不了法国，看不见实物，隔山买牛，压力不小。但此物乃我国古籍中之白眉，收藏家梦寐以求之物，经眼触手皆是荣幸，若能购买回国，更乃我辈古籍从业者之心愿与责任。”随后，他与浙江藏家金亮先生沟通联系，说服金亮着手参与拍卖事宜。法国巴黎时间 2020 年 7 月 7 日下午，两册《永乐大典》在法国博桑—勒费福尔拍卖行二号拍卖厅正式进行举牌拍卖，经激烈竞拍，最终由金亮先生以 640 万欧元的价格落槌拍得。两册《永乐大典》来源于法国私人藏家家传，其家族成员曾于 19 世纪后半叶被派往中国，任至上校军衔，19 世纪 70 年代在中国与一些官员相交颇深。

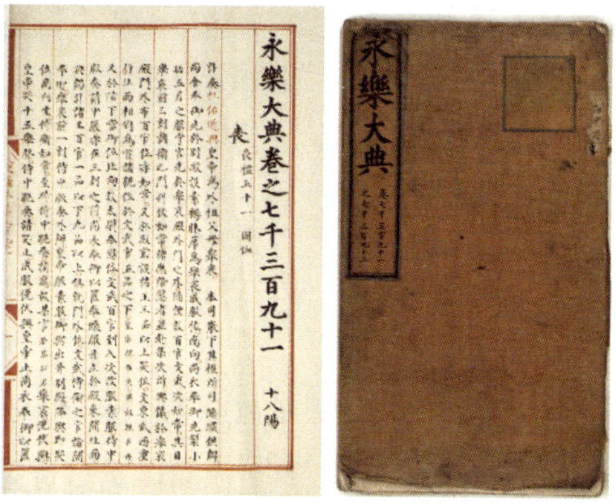

《永乐大典》（卷 4591“丧”字册）

这两册《永乐大典》成功被金亮先生拍得后，又克服了疫情影响和重重困难，一年后的 2021 年，两册国宝才完成所有手续，运至上海，2022 年 6 月出借给还在筹建的杭州国家版本馆。

这两册《永乐大典》均属嘉靖本，卷 2268—2269 为“湖”字“湖名”事目；卷 7391—7392 为“丧”字“丧礼”事目，此前未见著录于相关书目，也从未影印出版过。此两册四卷与国家图书馆藏湖字、丧字册均相连，并且此湖字册的出现，使得现在发现的湖字卷全部相连（卷 2260—2283）。

第三节 《四库全书》

一、《四库全书》的编纂和流传

《四库全书》是中国历史上规模最大的丛书。丛书，指由很多书汇编成集的一套书，按一定的目的，在一个总名之下，将各种著作汇编于一体的一种集群式图书。为达到“稽古右文，聿资治理”的目的，乾隆皇帝颁诏，广征天下遗书，以丰富国家和宫廷藏书，此为编纂《四库全书》之缘由。乾隆三十八年（1773）正式开馆编纂《四库全书》，历经十年编成。《四库全书》是清代官方主持编纂的一部大型丛书，分“经、史、子、集”四部。全书卷帙浩繁，包括我国有文字以来3000多年间的政治、经济、哲学、文学、天算、舆地、科技、医药等各方面内容，是我国有史以来最大的一部丛书。首批缮写的四部，分藏北方四阁，即文渊阁（北京故宫）、文津阁（承德避暑山庄）、文源阁（北京圆明园）、文溯阁（沈阳故宫）。后又续写三部，分藏江南三阁，即扬州天宁寺文汇阁、镇江金山寺文宗阁、杭州圣因寺文澜阁。乾隆四十九年（1784），杭州文澜阁建成，《四库全书》得以入藏。

四库七阁及《四库全书》贮藏现状表

	阁名	所在地	建阁时间	成书时间	藏本存毁情况
北方四阁	文渊阁	北京故宫	乾隆四十一年（1776）	乾隆四十六年十二月（1782）	现存台北故宫博物院
	文溯阁	沈阳故宫	乾隆四十七年（1782）	乾隆四十七年十一月（1782）	现存甘肃省图书馆
	文源阁	北京圆明园	乾隆四十年（1775）	乾隆四十八年十一月（1783）	咸丰十年（1860）被英法联军烧毁
	文津阁	承德避暑山庄	乾隆三十九年（1774）	乾隆四十九年十一月（1784）	现存中国国家图书馆
江南三阁	文宗阁	镇江金山寺行宫	乾隆四十四年（1779）	乾隆五十二年四月（1787）	咸丰三年（1853）毁于战火
	文汇阁	扬州天宁寺行宫	乾隆四十五年（1780）	乾隆五十二年四月（1787）	咸丰四年（1854）毁于战火
	文澜阁	杭州圣因寺行宫	乾隆四十九年（1784）	乾隆五十二年四月（1787）	残存，补抄，现藏浙江图书馆

二、文澜阁《四库全书》的历史

（一）文澜建阁　库书入藏

清乾隆四十六年十二月（1782 年 1 月）第一套《四库全书》缮抄告竣后，“因思江浙为人文渊薮，允宜广布流传，以光文治”，乾隆皇帝于次年下诏，建江南三阁。乾隆四十九年（1784），杭州文澜阁落成，建筑式样遵照宁波天一阁及北方四阁。文澜阁《四库全书》自乾隆五十二年（1787）始陆续颁发，至乾隆末年颁齐，共 35990 册，由两浙盐政领运庋藏书阁。文澜阁《四库全书》排架集齐后对外开放。

文澜阁《四库全书》原抄本为绢面包背装，“经、史、子、集”四部分别为绿、红、蓝、褐四色。经居典籍之首，如同新春更始，标以绿色；史著繁盛，如盛夏之火，标以红色；子采百家，有如秋收，标以蓝色；集文荟萃，好比冬藏，标以褐色。每册首页、末页分别盖“古稀天子之宝”“乾隆御览之宝”玺印。与北四阁本相比，文澜阁本开本较小，纸质稍逊。

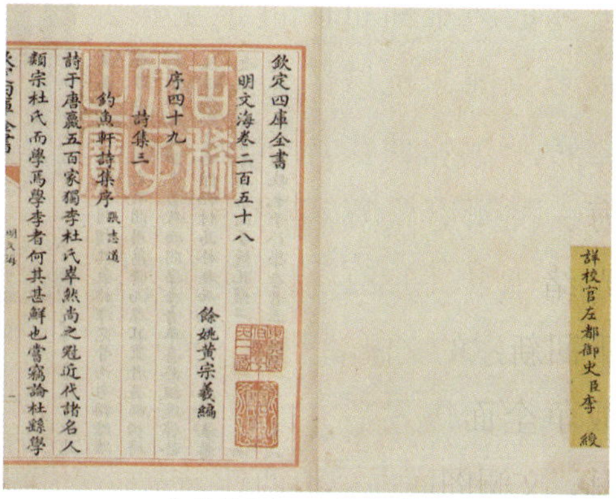

文澜阁本《明文海》

（二）修书复阁　重现璀璨

清咸丰年间，镇江、扬州遭兵燹之难，文宗阁、文汇阁毁于战火。文澜阁及《四库全书》也遭受浩劫，阁圮书散。杭州八千卷藏书楼传人丁氏兄弟不避艰险，毁家纾难，修书复阁。光绪七年（1881），在原址重建文澜阁，并增建太乙分青室、临湖牌坊等建筑。

光绪年间重建书阁后，因经费短拙，书架改为书橱，原有素绫牙签的书匣一概省略，改用银杏木夹板。

（三）三度补抄　库书得全

中国历代藏书，都有“书厄”之说，四库七阁中的文宗阁、文汇阁、文源阁《四库全书》皆毁于兵燹。杭州文澜阁《四库全书》也几乎毁于咸丰年间，幸得杭州藏书家丁氏兄弟抢救、补抄，后又经历钱恂的“乙卯补抄”和张宗祥的“癸亥补抄”，终于得到复原。

经过三度补抄，文澜阁《四库全书》基本复原。同时三次补抄，尤其是丁丙补抄所据原本均未经删削，故文澜阁《四库全书》的文献价值不同于其他阁本。

（四）文澜库书　辗转迁徙

杭州出版社出版的文澜阁《四库全书》影印本

文澜阁《四库全书》的收藏史，极具传奇色彩，其遭际的磨难曲折旷世罕见。咸丰年间，杭城陷落，库书辗转于杭州西溪风木庵、上海、杭州府学尊经阁等地。光绪七年（1881），库书才重回新建的文澜阁贮藏。抗日战争全面爆发后，1937 年 12 月，文澜阁库书被迫西迁，先后经历十年，辗转浙、闽、赣、湘、黔、川六省，行程上万里，至抗日战争胜利后始返浙江，珍藏于浙江图书馆。

三、《四库全书》的历史意义

《四库全书》编纂成书对中华文化的总结与传承无疑是一件影响深远的事。

一是清政府通过广搜群书，集散为整，聚私为公，将公私藏书汇聚一起，客观上保存了大量的珍贵版本。在选择底本时，四库馆臣网罗众本、慎选精校，更是组织力量从《永乐大典》辑出所佚之书，使许多珍贵典籍重见天日。

二是《四库全书总目》是中国传统学术遗产的总结性著作，是中国传统目录学第一大书。

三是《四库全书荟要》《四库全书存目丛书》《续修四库全书》等的编纂和研究都源于《四库全书》，从而形成“四库学”。

但也有学者认为，《四库全书》的编纂过程存在一些不足，如禁毁了明末清初的部分野史稗乘，篡改了一些古籍中记载的内容。

第十二章　版本的典藏

从生产流通到典藏利用存在系统化的周期过程，如图书的编纂成稿、印刷刊行、编目入藏，每一阶段都是版本文化的关注内容与呈现方式。随着社会发展，典籍数量日多，其内容与内涵也越来越丰富，对典籍进行收集、典藏、鉴赏、整理的藏书业应运而生。江南地区藏书家族辈出，藏书氛围浓厚，以杭州、苏州、南京、扬州、上海为中心的藏书家聚落，形成了独特的藏书文化，并具有以下特点：以藏为用、重在流通、敬恭桑梓、化私为公。

第一节　目录学与图书分类

一、四部分类法的演进

目录是中国文献学的核心内容之一，目是指篇名或书名，录是对目的说明和编次，将篇名（或书名）与说明编次在一起便是目录，它具有了解古籍情况、“辨章学术，考镜源流”的作用。

“经、史、子、集”四部分类法是著名的图书分类法之一，体现了我国古代学术文化的体系，能较好地解决繁复的古籍分类问题，至今仍被部分古籍图书馆（库）所沿用。

西汉成帝时，刘歆编成了中国第一部分类目录《七略》。《七略》将典籍分为六艺、诸子、诗赋、兵书、数术、方技六类，并附有概论性质的辑略。西晋荀勖的《中经新簿》将六略改为甲、乙、丙、丁四部。东晋李充的《晋元帝书目》将史书、子书顺序互调。这样，四部分类已见雏形。唐代《隋书·经籍志》正式标注了“经、史、子、集”四部的名称，标志着四部分类法的定型。清代《四库全书总目》集四部分类法之大成。

四部分类法演进表

书名	类别							
刘歆《七略》	辑略（总论学术源流）	六艺略（历史书籍附列春秋类）		诸子略	兵书略	数术略	方技略	诗赋略
荀勖《中经新簿》		甲部（六艺、小学）	丙部（史记旧事、皇览簿、杂事）	乙部（古诸子家、近世子家、兵书、兵家、术数）				丁部（诗赋、图赞、汲冢书）
李充《晋元帝书目》		甲部（五经）	乙部（史记）	丙部（诸子）				丁部（诗赋）
王俭《七志》		经典志（六艺、小学、史记、杂传）	图谱志（地域及图书，道佛附见）	诸子志（古今诸子）	军书志（兵书）	阴阳志（阴阳图纬）	术艺志（方技）	文翰志（诗赋）
阮孝绪《七录》		经典录（六艺）	记传录（史传）	子兵录（子书、兵书）	术技录（术数、方技）	佛录	道录	文集录（诗赋）
《隋书·经籍志》		经	史	子		道经、佛经附四部末		集
《唐书·艺文志》		甲部经录	乙部史录	丙部子录				丁部集录
《四库全书总目》		经部	史部	子部				集部

二、现代图书分类法

现代图书分类法是一种系统化的方法，用于组织和归类图书，以便于查找和分类。我国目前应用最广泛的是《中国图书馆图书分类法》（简称《中图法》），它以字母打头，分为5大部类，展开为22个基本大类。这些大类包括马克思主义、列宁主义、毛泽东思想、邓小平理论、哲学、宗教、社会科学总论、政治、法律、军事、经济、文化、科学、教育、体育、语言、文字、文学、艺术、历史、地理、自然科学总论、数理科学和化学、天文学、地球科学、生物科学、医药、卫生、农业科学、工业技术、交通运输、航空、航天、环境科学、劳动保护科学和综合性图书。

此外，还有其他多种图书分类法，如《中国人民大学图书分类法》（简称《人大法》）、《中国科学院图书馆图书分类法》（简称《科图法》），还有《杜威十进制图书分类法》，以及《美国国会图书馆分类法》，等等。这些图书分类法各自有不同的分类体系和适用范围。每种分类法都有其特点和适用场景，例如《人大法》分为17类，主要适用于2000年之前的文科书籍；《科图法》分为5类，适用于理工类科研机构；《杜威十进制图书分类法》用数字将图书分成10类，是全球应用最广泛的图书分类法，有专门的部门负责反映新文献成长的趋势与使用者的需求，以适应社会不断发展的需要；《美国国会图书馆分类法》类目详尽，多达20多万个，是世界上类目最多、篇幅最大的分类法，专为美国国会图书馆排架使用而编制。

第二节　藏书文化

一、古代公私藏书

藏书是人类为了阅读、鉴赏、校勘、研究等目的，而进行的收集、典藏、整理图书的活动。中国藏书文化历史悠久，周代时便已经有专门收藏图书档案的机构“守藏室”。根据收藏主体的不同，大致可以分为公藏和私藏两大系统。

官府藏书也称为公家藏书，由宫廷、官府或公家主持。历代君王一般都较为重视藏书建设，从汉武帝刘彻开献书之路，到清乾隆为修《四库全书》而在全国大规模征书，大约有 50 多位皇帝直接过问并参与征书、藏书事宜。乾隆皇帝为分藏《四库全书》所建的南北七阁，规模和布点堪称官藏之最。

魏晋以来，由于书籍制作更为便利，私家藏书事业得到飞速发展。江南地区人文荟萃，携唐宋以来之文脉流韵，普遍存在家族嗜书、争相藏书的风气。对书籍的喜好，对诗书传家的重视，使得这些家族往往几代人都会参与购书、藏书活动，且书籍也往往归家族成员共同管理、共同利用，这促进了藏书文化的传承及发展。据《中国藏书通史》记载，明代私人藏书家在地域分布上，主要集中在浙江、江苏二省，分别有 142 家和 114 家，此外，江西有 20 家，上海有 19 家。以杭州、苏州、南京、扬州、上海等城市为中心的藏书家聚落，形成了独特的江南藏书文化，并具有以下特点：以藏为用、重在流通、化私为公。

此外，书院和寺院也是藏书的重要主体。书院藏书的传统传承不断，许多书院内建有藏书楼，其功能类似于现在的学校图书馆。中国佛教寺院藏书的传统由来已久，藏经楼历来是供奉佛教典籍的重要建筑。近代以后佛教转型，“人间佛教”理念兴起，一些寺院开始兴办图书馆等现代文化设施。

二、著名藏书楼

中国最早的藏书建筑见于宫廷，如周代的守藏室，汉代的天禄阁、石渠阁。宋代以后，随着造纸术的普及和印本书的推广，民间建造藏书楼的风气开始盛行。

中国最早的私人藏书楼始于北魏，在此后的1500多年间，相继出现过数以千计藏书楼，其中有影响的达到1000多座。著名的宁波天一阁，由明代兵部右侍郎范钦始建于嘉靖四十年（1561），是中国现存最早的私家藏书楼。

在清代民间，有四大著名的私人藏书楼，分别为聊城杨氏的海源阁、归安陆氏的皕宋楼、常熟瞿氏的铁琴铜剑楼、钱塘丁氏的八千卷楼，皆为私人创建、家族传承。另有江南四大藏书楼，即湖州的嘉业堂、宁波的天一阁、杭州的文澜阁、瑞安的玉海楼。这些藏书楼藏书丰富、文献珍贵、建筑精美，已在当时的学术界、收藏界达到极致。

其中，私人藏书楼对文化传承发挥着不可磨灭的贡献。首先，它在大量收集保藏经典的同时，还积极捐借藏书、丰富公藏；其次，各家藏书楼大都致力于刊刻典籍，以所藏嘉惠学林；再次，藏书楼在推动我国学术发展方面也发挥了很大的作用，藏书楼主人大多是饱学之士，对其藏书进行系统性整理编目，对不同版本进行考订校勘，并且全力购求所缺之书，客观上保存了许多孤本、珍本。

三、藏书印与藏书票

藏书印是文献的公私收藏者在藏书上钤印的各种标记，以标明书籍所有权。藏书印是书法、章法、刀法三者结合的艺术，既有印章的实用，又有文人闲章的雅趣，体现了藏书者的情致与个性，其与典籍的结合，构成了视觉之美，也是版本流传经历的体现。江南著名藏书家陆心源，便刻有“十万卷楼”“陆心源印”“存斋”“守先阁”等藏书印。

藏书票，又被称为版画珍珠、纸上宝石、书中蝴蝶，属于小版画或微型版画。同藏书印一样，藏书票以艺术的方式标明藏书的所有者，也可作为书籍的美化装饰。藏书票在近代传入中国，包括鲁迅、郁达夫、郑振铎、臧克家等在内的文学家都对藏书票情有独钟。

第四部分　版本技艺与审美

- 印刷技术
- 文房四宝中的版本技艺
- 版本的审美

第十三章　印刷技术

印刷术是中国古代最为重要的发明之一，为世界文化的发展作出了突出贡献。近代以来，新式印刷技术日新月异，从早期的石印、铅印到新兴的数码印刷，技术不断更迭，以纸本为主要载体的版本也开始走向数字化时代。从南宋直至近现代，江南都是全国刻书、印书的重要地区，其规模和品质，使其成为全国领先之地。

第一节　雕版印刷术

一、雕版印刷的历史发展

雕版印刷术是在版料上雕刻图文进行印刷的技术。印章和石刻以及墨拓等给印刷术提供了直接的经验性启示，为雕版印刷指明了方向。留存实物和文献证明有两大社会因素对于印刷术的发明有重要的促进作用：一是佛教的兴盛，需要大批量的佛经、佛画；二是科举制度的推行，刺激了社会对书籍需求量大增。

关于雕版印刷起源的具体时间目前还存有争议，一般认为其兴起于隋唐时期，并于唐代中后期逐渐流传开来。目前已知年代最早的有明确纪年的印刷品是在敦煌藏经洞发现的刻于唐懿宗咸通九年（868）的《金刚般若波罗蜜经》。两宋时期，雕版印刷技术更趋成熟。宋代印刷品的内容扩及儒、释、道及诸子百家等几乎所有领域，

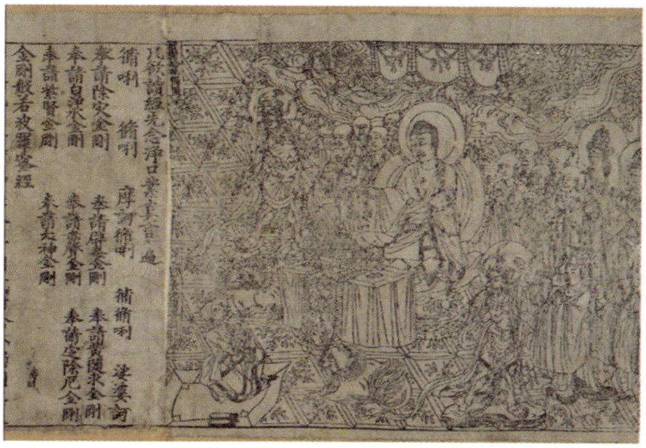

唐咸通九年（868）刻《金刚般若波罗蜜经》

举凡文史、哲学、地理、诗文、小说、戏剧、星象及音乐之类的刊本，应有尽有。由于印刷术的普及和进步，使这一时期的印刷品趋于完美，成为后世典范。

雕版印刷开始只有单色印刷，五代时有人在插图墨印轮廓线内用笔添上不同的颜色，以增加视觉效果，称为“单版复色印刷法”。宋代曾用这种方法印过当时的纸币“会子”。在实际探索中，又发现了分版着色、分次印刷的方法，这种方法称为“多版复色印刷”，又称“套版印刷”。一般认为其发明时间不晚于元代。元中兴路（今湖北江陵县）所刻的朱墨两色套印的《金刚经注》是现存最早的套色印本。套版印刷在明代获得较大的发展，用套印方法印刷古籍，到晚明时期已被广泛应用。万历、天启年间，浙江湖州的闵、凌二家以套印图书数量多、质量高著称于世，如凌濛初就刻有《孟浩然诗集》《西厢记》等。胡正言在金陵（今江苏南京）修建了“十竹斋”，采用饾版、拱花等多色套印技术，形成集绘、刻、印于一体的木版水印技艺，出品了许多精美的图册。

二、雕版印刷的工艺流程

雕版是“古籍之母”，在印刷史上有“活化石”之称。作为最早出现的印刷形式，雕版印刷术是世界现代印刷术的技术源头，被视为人类文明史上划时代的创造。

传统雕版印刷的过程大致分为四个环节：

第一步“写样”：在事先备好的纸张上，按所需规格书写需要印刷的文字样稿。

第二步“上版”：在刨光的木板上涂一层糨糊，然后将写好的写样稿整齐地反贴在木板上，再用揉搓的方法揭去纸张的表层，使粘连在木板上的底层字迹清晰可见。

第三步“刻版”：用不同形式的刻刀，将木板上的反体字墨迹刻成凸起的阳文，同时将木板上的其余空白部分剔除，使之凹陷，所刻出的字凸出版面 1—2 毫米。

第四步“刷印”：在圆柱形平底蘸上墨汁，均匀刷在板面上，再把纸覆盖在板面上，用棕毛刷轻轻刷纸，纸上便印出文字的正像，然后将纸从印版上揭起、阴干，印制过程就完成了。

纸张逐页印好后，进行折页、齐栏、校验，再装订成册，完成以上步骤，一本书也就印刷完成了。

雕版是中华文脉的重要载体，特别是不可再生、濒临破损的珍稀版本资源，急需开展调查研究并采取措施加以保护和利用。目前杭州国家版本馆正在实施的“珍稀雕版保护研究”项目，以浙江湖州嘉业堂藏珍稀雕版为试点，建立了雕版保护研究中心（位于馆区南门），保护珍稀雕版的同时形成新的版本。

第二节　活字印刷术

一、活字印刷的历史发展

宋代时，雕版印刷事业发展到全盛时期，对文化传播起到了重大作用，但雕版印刷也存在一些明显缺点：一是刻版费时费工费料，二是大批书版存放不便，三是有错字不容易更正。这些问题让人们努力探索新的制版方式，活字印刷术应运而生。

北宋庆历年间，毕昇在长期印刷实践中，总结前人的经验，发明了泥活字，标志着活字印刷术的诞生。活字印刷术主要是先制成单字的阳文反文字模，然后按照稿件把单字挑选出来，排列在字盘内，涂墨印刷，印完后再将字模拆出，留待下次排印时再次使用。

元代王祯革新了木活字排版工具，由其设计的转轮排字架大幅提升了木活字印刷的工作效率。他撰写的《造活字印书法》，系统叙述了活字印刷技术，内附活字版韵轮图，是活字印刷史上具有里程碑意义的文献。清代从理论上总结了木活字制作、印刷的全部工艺流程，进一步完善了木活字印刷工艺。清代《钦定武英殿聚珍版程式》记载木活字制作及印刷技术，比王祯的技术更为详尽与规范，在总结古代造字、刻印工艺的同时，将各道工序一一绘制下来并加以说明，堪称活字印刷的巅峰之作。

金属活字根据材质可分为铜活字、锡活字、铅活字等。其中锡活字印刷时不易上墨，应用不广。宋、金时期曾将铜活字用于印钞。明、清时期，今江苏苏州、无锡的金属活字印刷极盛。

二、活字印刷的工艺流程

沈括在《梦溪笔谈》中对于毕昇泥活字印刷的工艺流程有着详细记载："庆历中，有布衣毕昇，又为活板。其法用胶泥刻字，薄如钱唇，每字为一印，火烧令坚。先设一铁板，其上以松脂、蜡和纸灰之类冒之。欲印则以一铁范置铁板上，乃密布字印。满铁范为一板，持就火炀之，药稍熔，则以一平板按其面，则字平如砥。若止印三二本，未为简易；若印数十百千本，则极为神速。"

毕昇的泥活字制作与刷印方法主要分三大步骤：一是刻字。将和好的胶泥制成一定规格的字块，在胶泥上刻出凸型反字，用火烧硬，成为单个的胶泥活字，放在特制的木格里备用。二是排版。把活字按照稿本，依照版式规格要求排在一块围有铁框的铁板上，铁板上预先敷上一层药料，拿到火上烤，待蜡脂融化后，再用一块平板将字面压平，使字面平整，即可用于印刷。三是印刷。为了提高效率，在用这块排好的版印刷的同时，另一块铁板上的排字就开始了，两块版交替使用，印刷速度很快。

第三节　近现代印刷技术

一、近代四种印刷形式

根据印版形式的不同，近代印刷术主要可分为凸版印刷、平版印刷、凹版印刷和孔版印刷等。

凸版印刷是用图文部分高于空白部分的凸版进行印刷的工艺技术，包括铅印、铜锌版印刷等。现代凸版印刷多以柔性感光树脂版、橡胶版作为版材。

平版印刷是用图文与空白部分处在同一平面上的印版（平版）进行印刷的工艺技术，主要包括石印、珂罗版印刷和胶版印刷等三种方式。

凹版印刷包括雕刻凹版、腐蚀凹版等，其所用印版的图文部分低于印版表面，与凸版印刷的印版特点正好相反。一般钱币、邮票、有价证券等均采用凹版印刷。

孔版印刷以丝网、蜡纸等为印版，将图文部位镂空成细孔，而非图文部位则以印刷版材料保护，用刮板刮压使油墨渗透入网孔下的承印物上，所用印版主要包括誊写版、镂孔版和丝网等。

二、西方印刷技术的引进与近代印刷业的发展

15 世纪中叶，德国工匠谷登堡（Johannes Gutenberg）发明铅活字版印刷机，推动了印刷业的机械化进程，由此启引了近代印刷革命。19 世纪以来，铅印、石印、珂罗版印刷等近代印刷术陆续传入，使

中国发明、发展千年之久的印刷术及印刷业发生了历史性变革。

（一）铅印

1807 年，英国传教士马礼逊（Robert Morrison）在广州制作中文字模、浇铸中文铅活字之行为，一般被视为近代印刷术传入中国之始。在铅活字版直接印刷的基础上，被称为“复制版”的泥型、纸型先后得到发明应用。

“复制版”以活字版为母版，用泥或专用厚纸压制成阴文型版，然后用泥型或纸型浇铸铅版，最后用铅版（整版）作为印版装机印刷。纸型轻便又易保存，且可以运往遥远的外地，便于多地印刷。这一工艺技术标志着近代的凸版印刷发展到一个新的阶段。

（二）石印

石印是最早的平版印刷形式，以石灰石作为版材，利用水油相拒的原理，用脂肪性转写墨直接在石板上书写、描绘，或通过转写纸、照相等方法转印图文，进而制版印刷。石印传入中国的时间，大约在 19 世纪 30 年代初。

（三）珂罗版印刷（玻璃版印刷）

珂罗版印刷术在 19 世纪由德国人发明，是最早的照相平版印刷技术之一。珂罗版多用厚磨砂玻璃作为版基，涂布明胶和重铬酸盐溶液，制成感光膜，用阴图底片敷在胶膜上曝光，制成印版。珂罗版印刷，技术复杂、印品精良，能充分表现书画艺术品的墨韵彩趣，多用于书画、碑帖及珍贵图片的印制。

珂罗版印刷传入中国的时间大约在光绪初年（1875），当时上海徐家汇土山湾印刷所首次用珂罗版印刷了“圣母像”等教会图画。

（四）晒蓝法

晒蓝技术，也被称作蓝晒、氰版摄影，1842 年由英国人发明，就是将传统感光材料的银盐换成铁盐，最终呈现出蓝色的图像来。晒蓝技术最开始被用在摄影技术上，后来拓展到书籍、绘图等的制作，现仍应用于工程设计领域。

（五）油印

油印，又称“誊写印刷”，是指在特制的蜡纸上用打字机打字或用铁笔刻画出文字图画，然后在蜡纸面上施墨印刷。

（六）胶版印刷

胶版印刷是一种间接平版印刷技术。其原理是将印版上的正向图文，通过橡皮版转印到承印物上。间接平版胶印比之金属版直接印刷，无论是印刷耐印率、印刷速度，还是印刷质量，都有明显的提高，是目前仍在广泛使用的印刷技术。

三、印刷技艺的数字化

20 世纪下半叶以来，随着电子技术在印刷工业中的运用，印刷工艺从传统的模拟化向数字化方向发展。例如激光照排、远程传版、数码打样、计算机直接制版等技术的出现，推动了印刷技艺的数字化进程。

20 世纪 80 年代，北京大学王选教授团队成功研制汉字激光照排系统技术，该技术将电子计算机与激光照相机相结合，即通过计算机将文字分解为点阵，然后利用激光在感光胶片（软片）上扫描曝光出点阵信息，形成文字的照排版。该技术的应用，标志着中国印刷业告别“铅与火”，迈入“光与电”的时代。与此同时，电子分色机引进应用，电子分色制版替代了照相分色制版，制版技术的生产效率和质量得到新提升。

20 世纪 90 年代，彩色桌面出版系统（DTP）开始应用，图文处理的一体化使得设计制作更加简便，制版技术无论是功能还是效率、质量，都有了跨越式发展，还省去了人工图文拼制等工序，可以直接输出晒制印版所需胶片。20 世纪 90 年代末，计算机制版技术逐渐成为印前制版的主流工艺。

21世纪初印刷技术发展的大趋势之一是计算机直接制版(CTP),即不经过软片制作、晒版等中间工序，直接将印前处理系统编辑、拼制好的版面信息文件，传送到计算机光栅图像处理器（RIP）处理后直接发送到制版机进行曝光成像，经冲洗后得到印版。CTP制版工艺省去了软片制作、曝光冲洗、手工拼版、胶片晒版等多个工艺环节，实现了数字化、绿色化和标准化生产。目前，CTP技术已基本代替CTF技术，成为印前制版的主流工艺。

数码印刷是近些年流行的一项新技术，是在打印技术基础上发展起来的一种综合技术，以电子文本为载体，通过网络传递给数码印刷设备，实现直接印刷。其最大特征是印刷生产流程中无版和信息可变，技术涵盖印刷、电子、计算机、网络、通信等多个领域。根据成像机理，数码印刷分为静电成像方式、喷墨成像方式、电凝聚成像方式、热转移成像方式、磁记录成像方式等。市场上以静电成像方式和喷墨成像方式的数码印刷为主流。

喷墨印刷基于喷墨打印的原理发展而来，是通过计算机使油墨从喷嘴附在承印物上而获得图文的一种印刷方法。其原理是通过特殊的装置，在电子计算机的控制下，由喷嘴向承印物表面喷射雾状的墨滴，根据电荷效应在承印物表面直接成像，成为最终的印刷品。

第十四章　文房四宝中的版本技艺

江南一带自古物阜民丰、百工竞巧、介质更迭、科技进步、巧匠辈出，促进了版本文化的发育成长。刻书需求不断扩大，版刻印刷日益繁盛，尤其是南宋以后，江南成为全国刻书中心，无论是书籍版本的规模、品质，还是整个社会浓郁的版本文化氛围，都使江南成为同时代中国乃至世界的版本文化领先之地。

第一节　造纸

一、造纸技艺的历史与发展

纸是我国古代科学技术的四大发明之一，它与指南针、火药、印刷术一起，给我国古代文化的繁荣提供了物质技术的基础。纸的发明结束了古代简牍笨重、缣帛昂贵的历史，大大地促进了文化的传播与发展。

考古发现，我国西汉时已开始了纸的制作。1957 年西安东郊灞桥附近的一座西汉墓中，发掘出了一批称之为“灞桥纸”的实物，其制作年代当不晚于西汉武帝时代；新疆的罗布淖尔和甘肃的居延等地都发掘出了汉代纸的残片，不过这些纸不用作书写。

东汉蔡伦改进造纸术后，纸张的生产无论在数量上还是质量上都得到较大的提升。魏晋南北朝时期纸流传开来，逐渐为人们所使用，造纸技术进一步提高，造纸区域也由晋以前集中在河南洛阳一带逐渐扩散到越、蜀、湘、扬及皖、赣等地，产量和质量与日俱增。

江南造纸业发端于三国，两晋时得到极大发展，东晋南朝时完成纸张取代简牍、缣帛的历史性转变。江南造纸在选择原料、优化质量、提高产量以及改进加工技术诸方面都有较大突破。江南造纸业的发展有力地推动了江南地区文化的繁荣和社会的进步，在中华文明史上写下了不朽的篇章。

今人仿制的“薛涛笺”

二、名纸赏析

（一）薛涛笺

中唐的女诗人薛涛，居住在成都浣花溪时，专为写短诗设计了“薛涛笺”，用木芙蓉皮为料，加入芙蓉花汁液，颜色呈现出桃红到猩红的效果。

（二）澄心堂纸

澄心堂是南唐的建立者李昇节度金陵时的书房。后主李煜设立官方机构监造御用纸，取名为“澄心堂纸”。原料是楮皮，纸质较为厚重坚韧，极其洁白，表面平滑如玉，又很受墨。澄心堂纸被北宋著名书法家蔡襄评为纸中第一品。

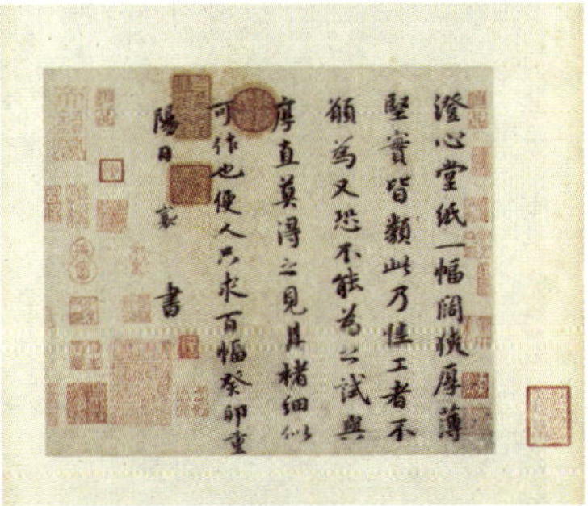

〔北宋〕蔡襄《澄心堂帖》

（三）连史纸

又称“连四纸”“绵连四纸”，后讹称为“连史纸”。原产江西、福建等地。原料主要是竹子，其名可能来自抄纸的方法，一般是一帘一纸，在帘的中间加上布条，就可以一次生产很多纸了，所以就产

清人在瓷青纸上绘制的《无量寿佛图》

生了连二纸、连三纸、连四纸的说法。

（四）剡藤纸

又称“剡纸”“藤纸”，原产浙江嵊州地区。原料主要是野生的藤皮，纸质匀细光滑，洁白如玉，不留余墨。剡藤纸从晋代起已有制作，到唐代以后，杭州、婺州、衢州、信州等地都开始制作。

（五）瓷青纸

又称“青藤纸”“碧楮纸”“鸦青纸”“绀碧纸”等。采用天然的靛蓝染料将桑皮纸染成深青色，再经施蜡、研光而成，是我国传统的染色加工纸。五代到宋创制，纸质一般较厚，可分层揭开，染以靛蓝色，宋徽宗赵佶就喜欢用泥金在瓷青纸上写字。

（六）羊脑笺

羊脑笺以宣德瓷青纸为基础，用窖藏的羊脑和顶烟墨制品涂布在纸上，纸面黑中泛蓝，光亮防蛀，外观富丽堂皇。羊脑笺坚硬如板，纸面的颜色如漆墨，厚重、典雅，宛如黑色绸缎，一般用泥金书写佛经，可以历久不坏。

第二节　制墨

一、制墨技艺的历史与发展

墨，又名“瘦龙”“乌金”“龙宾”“陈玄”“喻糜”“玄光”“沫泗珍”“易玄光”“松滋侯”“乌玉块”“龙香剂”“天峰煤”等。它不仅是历代文人的消费品，也是一种综合性工艺美术品，推动了我国文化事业的发展。秦汉时期，以松烟墨为代表的人工造墨技术取得长足进步。迄今发现的最早人工墨，出土自1975年发掘的湖北云梦睡虎地秦代墓葬，是一块圆柱形松烟墨块，直径约2.1厘米，墨色纯黑。人工墨成熟于魏晋南北朝时期，发达于唐代，至宋代有了更大发展，元代继承宋代继续发展，明、清时制墨业更加繁荣。清朝光绪年间，湖南考生谢崧岱进京赶考，深感研墨太费时间，耽误答卷，于是花了 3 年时间读尽了制墨的专业书籍，于光绪八年（1882）研制即用墨汁成功，结束了研墨的历史。

北魏贾思勰在《齐民要术》中曾记载三国魏书法家韦诞制墨的方法：“亦以真朱砂一两、麝香一两，别治，细筛，都合调。下铁臼中，宁刚，不宜泽，捣三万杵。”韦诞制作的墨被称为“韦诞墨”，是古代的珍贵之墨，被赞誉为“百年如石，一点如漆”。

二、名墨赏析

徽墨是我国著名的墨，产于安徽省南部的屯溪县，以安徽省的绩溪县、旌德县、徽州、休宁县等地为主要产地。徽墨以松烟为原料，再加以麻油烟、漆烟、桐油烟等制成，以“质细、胶轻、色黑、声清”等特点闻名于世。徽墨不但具有优良的品质，而且具有独特的文化价值和历史价值。

墨谱，就是在墨上镌刻画面图谱，或文字，或诗文，或着色，有的还会把一些名画名人、神话故事、典故等镌刻上去。至宋代以来，徽州的制墨技艺在全国首屈一指，到明万历年间产生了“四大墨谱”，即《方氏墨谱》《程氏墨苑》《方瑞生墨海》《潘氏墨谱》，展现墨模雕刻艺术的风采。

《程氏墨苑》系明万历年间的制墨大师程大约辑录，著名画家丁云鹏等绘图，徽刻名工黄鏻、黄应泰、黄应道、黄一彬等镌刻。书中收入名家刻绘的墨样共 519 种，墨形有圆形、方形、长方形、圭形等式样。全书内容丰富，包括山川景物、草木禽兽、佛道祥瑞等珍贵的图案资料。所制墨品分为六类：一类名元（玄）工，二类名舆地，三类名人官，四类名物华，五类名儒箴（藏），六类名缁黄。全书精选苛择，其绘刻、印制都很讲究，无论是书面构成、黑白处理，还是刀法运用，都很有特点。此墨谱以良纸佳墨刊印成书，是当时出版界的盛事。

《程氏墨苑》的另一特色是书中附有西洋宗教画《宝象图》（即《圣经》的图解），图像由西洋传教士利玛窦所传。《宝象图》刻制极精，图说皆全，为最早受西洋画风影响的中国版画。

《程氏墨苑》现存数量稀少，是中国明代万历年间徽州版画的代表作，是研究墨史及木刻史的重要著作。

第三节　制笔

一、制笔技艺的历史与发展

毛笔，指以兽毛制成的笔，是在中国有着悠久历史的一项传统手工制作技艺。毛笔是用兽毛扎成笔头，再黏结在管状的笔杆上制成的。初用兔毛，后亦用羊、鼬、狼、鸡、鼠等动物毛。笔管以竹或其他质料制成。头圆而尖，用于传统的书写和图画。

毛笔起源非常早，现存最早的毛笔，是1954年在湖南省长沙市左家公山木椁墓中出土的一支战国时期的楚国毛笔。据传，蒙恬曾改良过毛笔，因此被誉为“笔祖”。我国的大部分毛笔产地，都有蒙恬庙，笔工师徒都会去烧香、磕头。

各类毛笔的制作都须经过选料、除脂、配料、梳洗、顿押、卷头、拣齐、扎头、装头、干修、粘锋、刻字、挂绳等工序，概括起来则分为“水盆”（在水盆中操作的工序）和“干活”（装头、干修等无水工序）两大工序。

二、名笔赏析

湖笔的发源地在今湖州市南浔区善琏镇。善琏制笔业约始自晋代。经过唐、宋两代的发展，湖笔技艺有了很大的进步。元以后，宣笔逐渐为湖笔所取代，奠定了毛笔之冠的地位，湖笔与徽墨、端砚、宣纸一起被称为“文房四宝”。

一支湖笔的产生，要经过128道工序。湖笔的成名，与元朝书画家赵孟頫有关，他对当地的湖笔制作技艺十分关心和重视。据《湖州府志》记载，赵孟頫曾要人替他制笔，倘有一支不如意，即令拆裂重制，要求非常严格，这种严格的质量要求，一直流传至今。

第四节　制砚

一、制砚技艺的历史与发展

砚，又名研，中国传统手工艺品之一，是中国书法的必备用具。砚由原始社会的研磨器演变而来。初期的砚，形态原始，不过是用一块小研石在一面磨平的石器上压墨丸研磨成墨汁。汉代之前选取砚材，只要坚硬耐磨即可。至汉时，砚上出现了雕刻，有石盖，下带足。魏晋至隋，瓷业渐兴，出现了圆形瓷砚，由三足至多足。隋唐时期，砚的造型由圆形单纯的三足式，演变出圈足、多足、辟雍砚等。箕形砚是唐代常见的砚式，形同簸箕，砚底一端落地，一端以足支撑。唐、宋时，砚台的造型更加多样化，以实用为主。明、清时是砚成为一种工艺美术品的重要阶段。从材料上来说，一些不适合研磨的材料，如翡翠、象牙等也被纳入制砚的范围；从图案内容上来讲，相比前期以实用性为主，此时更加注重艺术性，纹饰力展豪华、繁缛，追求材美工巧的境界。

二、名砚赏析

砚台历经秦汉、魏晋，至唐代起，各地相继发现适合制砚的石料，开始以石为主制作砚台。山东青州的红丝砚、广东的端砚、安徽的歙砚，以及甘肃临洮的洮河砚，被称作四大名砚。清末，人们又将山西的澄泥砚与端砚、歙砚、洮河砚并列为中国四大名砚。

砚铭，是刻在砚底、砚头、砚盖，或砚身四侧，或其他空余部分的一种可长可短、亦诗亦文、不拘一格的自由文体。它是中华民族独特的传统文化，是集文学、书法、美术于一体的艺术瑰宝。砚铭的内容，一般是文字精练的格言、警句、自勉、诗词和赞语，文体比较自由随意。有的朴实无华，直抒胸臆；有的含蓄蕴藉，耐人寻味；有的意趣盎然，飘逸潇洒。铭文的书法字体有篆、隶、楷、草、行，有的砚铭周边还衬之以美术图案，如兰草、劲竹、肖像、山水、动物等加以装饰。观赏砚铭，是一种高雅的艺术享受，它使人得到教益，领悟处世哲理，汲取历史文化知识。

唐代大书法家褚遂良的端溪石渠砚铭文为："润比德，式以方。绕玉池，注天潢。永年宝之斯为良。"宋代著名文学家苏轼，得端州马肝石，制砚取名"紫云端"，并刊铭曰："尔本无名，托乎云水。云尽水穷，惟一坚粹。夫尝遇之，顾鉴之外。"

民族英雄岳飞，以其行书为端砚题铭曰："持坚守白，不磷不缁。"后文天祥得此砚，欣然以草书作铭文："砚虽非铁磨难穿，心虽非石如其坚，守之弗失道自全。"

第十五章　版本的审美

版本是人类记录一切成就和思想的重要工具，其所记载的内容及其本身都体现了人类的审美趋势，书籍是其中极具代表性的一类。书籍内容从单色插画图案到色彩斑斓的饾版套色版画，蕴含了古人高超的技艺和对美的追求。书籍的装帧是功能与形式美的融合，雕版、书衣、函套、书匣等工艺化的表象之下隐含了中国传统文化的底蕴，投射了东方哲学的精神。这些无一不让人感受到传统艺术的细节之美。

第一节　字体

一、古籍的字体演变

受到时代风气和艺术传统影响，不同时代、地区的刻书字体都有一定的风格及差异，在古籍整理时也常利用字体来鉴别版本。

宋版书大多是名家书体上版。北宋多使用欧阳询字体，南宋又有使用颜真卿、柳公权字体。不同地区刻书也各具特色，如浙江多用欧体，四川多用颜体，福建多用柳体，江西颜体柳体兼有。这些不仅体现出当时对刊印精美的追求，也反映了刻字工人的精湛技艺。

元代推崇赵孟頫书法，风气之盛，及于刻本字体。今藏南京图书馆的元至正刻本《师子林天如和尚语录》，堪称元刻赵体字本之白眉。

明代刻书，总体上前期犹沿元代赵体字风格。正德、嘉靖间，以苏州地区为代表的仿宋刻本盛行，形成独特的“宋体字”字体。到了万历年间，这种字体又融入了颜体成分，演变成横细直粗的方体字（直粗就是颜体竖画之变异）。

二、古籍字体赏析

欧体字“字体方整”，融隶于楷，其弯钩曲圆较长，外方内圆。

颜体字“蚕头燕尾”，竖画略呈围弧状，捺脚收笔出锋处分成叉式如燕尾状。

柳体字“字体隽丽，锋棱峭厉”，具有挺秀、瘦硬的特征。

第二节　版式

一、古籍版式

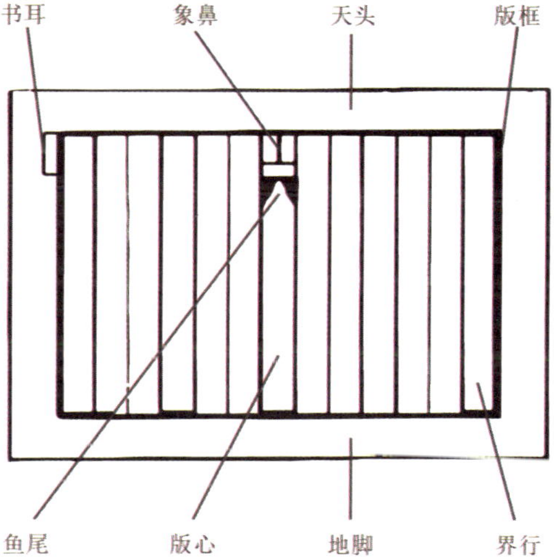

刻书版式指版刻的样式。包括版面、大小题名、版框（亦称边栏）、界行、天头、地脚、版心、行款、字数、鱼尾、象鼻、书耳、书牌、条记、句读、插图等。版式的概念出现在雕版印刷行世之后，但明显保留了雕版印刷之前的简策、手写帛书等装帧形式的特点，是实用性与艺术性的结合。

版心鱼尾：鱼尾即版心中间用作折页基准的图形，因其酷似鱼尾，故名。

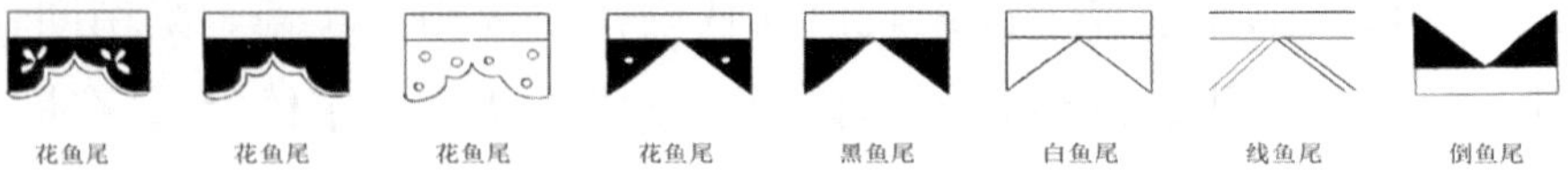

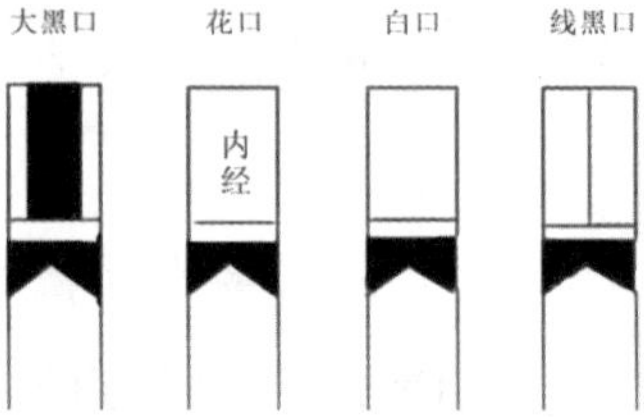

书口分为：大黑口、花口、白口、线黑口等。

线装书各部位的名称分别为：书签、书口、书衣、针眼、书脑、包角。

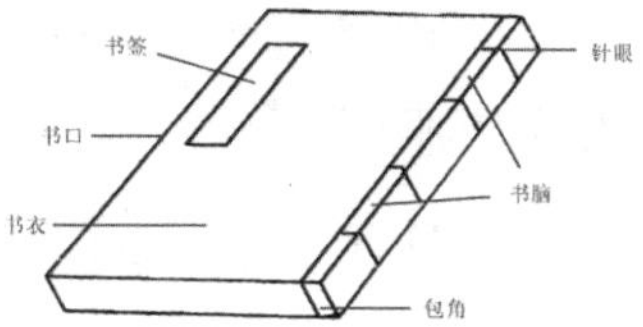

二、现代书籍版式

我国书籍形态种类丰富，当今的书籍文化市场更是多种多样。在众多的书籍当中，既有传统书籍的现代演绎，又有西方影响下所产生的现代书籍形态。我国传统书籍中所洋溢的书卷气和文化味道是最值得发扬光大的，是书籍版式设计的精髓。我国书籍艺术有着5000年的悠久历程，历经了多种不同的书籍形式。当前我国的书籍市场上，书籍形态既有主流的西方书籍设计样式，又有我国传统的古籍继承样式。

吸取传统版式中的文字排列方式，这类使用传统文字排列方式的书籍多为文化传统艺术类图书，文字内容相对简洁，以便更好地满足人们的阅读需求。

汲取传统版式中的留白变化，各种新型材料质感丰富、肌理多样，因此，在书籍制作中妥善地将材料与设计相结合，更好地利用空白，能更充分地展示出材料的美感。

提取传统版式中的符号元素，古人在天人合一思想的同构下，在版式的布局上可谓独具匠心。以人为主用近似于人头的形象创造出印版书的版面，这是一种文化的行为，更是一种哲学思想，并非偶然为之，更非简单的形式问题。

蕴含传统版式中的审美特征，现代书籍设计者在设计中巧妙地增加传统书籍版式上的符号，而这类符号元素凭借其典型的点、线特征，在现代版式设计应用中取得了较好的视觉效果。

第三节　装帧

一、中国古籍装帧

随着历史的发展，书籍材料与制作方法发生变迁，书籍的装帧形式也随之产生了多种多样的变化。

我国古籍传统装帧形式主要有卷轴装、梵夹装、经折装、旋风装、蝴蝶装、包背装、线装等。

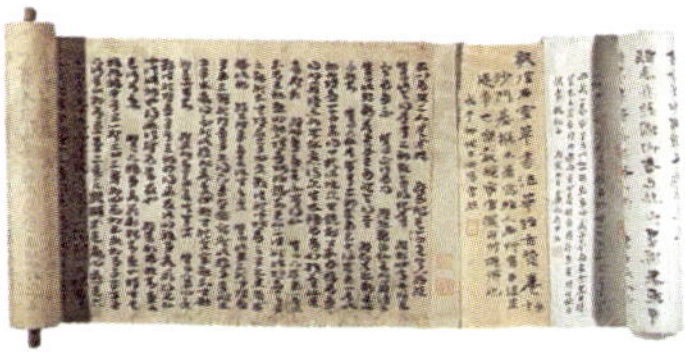

卷轴装是按顺序将书页黏接后，末端黏接木制或其他材料制成的圆轴，首端黏接细木杆，然后以尾轴为轴心向前卷收，成为一束的装帧形式。始于帛书，隋、唐纸书盛行时应用于纸书，以后历代均沿用，现代装裱字画仍采用卷轴装。

梵夹装是按顺序将写好文字内容的贝叶或长方形纸页摞好，上下各用一块板夹住，再打洞系绳的装帧形式。这是我国古代对从西域、印度引进的梵文贝叶经特有的装帧形式的称谓。

经折装是按顺序将书页黏接后，按一定的尺寸左右反复折叠，再黏贴书衣的装帧形式。由于唐代佛经、道经长期使用这种形式，因此人们将其称为经折装。

旋风装亦称“旋风叶”“龙鳞装”，唐代中叶已有，由卷轴装演变而来。它形同卷轴，由一长纸做底，首页全幅裱贴在底上，从第二页右侧无字处用一纸条贴在底上，其余书页逐页向左贴在上一页的底下。书页鳞次相积，阅读时从右向左逐页翻阅，收藏时从卷首向卷尾卷起。

蝴蝶装是将写、印好的书页有字的页面对折，折边朝右，形成书背，然后把折边逐页黏连在一起，再用一张书皮包裹书背的装帧形式。翻阅书页时版心居中，翻开摊在桌上就像蝴蝶展翅，故称。

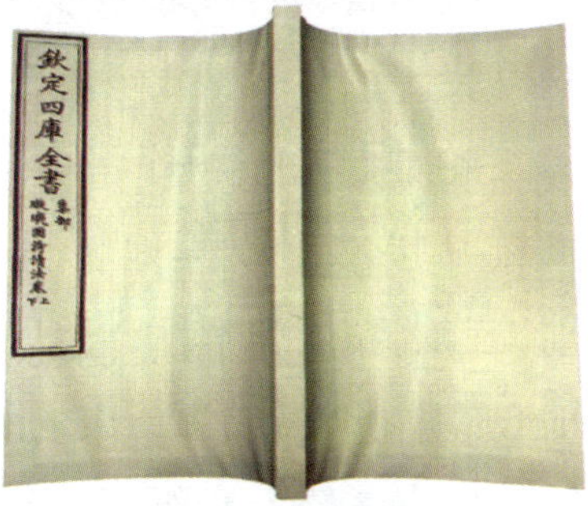

包背装是将写、印好的书页以无字的一面对折，折边朝左，余幅朝右形成书脊，再打眼，用纸捻把书页装订成册，然后用一张书皮包裹书背的装帧方式。

线装是将写、印好的书页以无字的一面对折，折边朝左，余幅朝右形成书脊，加装书皮，然后用线把书页连书皮一起装订成册，订线露在外面的装帧形式。

平装又称简装，是总结了包背装和线装的优点后进行改革的一种常用书籍装帧形式。平装的主要工艺包括折页、配页、订本、包封面和切光书边，方法简单，成本低廉，适用于

篇幅少、印数大的书籍。

二、西方书籍装帧

在书籍的发展史中，装帧是非常重要的组成部分。不同的装帧风格和技术不仅影响到书籍外观，而且关系到整体阅读体验。西方的书籍装帧方式与我国传统装帧方式有很大不同。

（一）中世纪早期，手抄本装裱成册，大多数书籍用绵羊皮或牛皮制成书皮。书籍装帧多采用简单的手写装帧形式，通常是手写制作，或者是一些手工工艺。在欧洲中世纪，手写印刷技术非常发达，这些书籍使用了龙卷式的书脊和金属附件。

（二）14 世纪初期到 16 世纪初期，欧洲的书籍装订工艺得到了重大发展，赋予了书籍更大的装饰性和艺术性价值。手写书页被印刷书页取代，皮革和木头绑定的书边被竹子、青铜、鱼骨等材料所取代。书籍的装饰也更加复杂，使用了滚花、贴纸等技术。

（三）16 世纪后期到 18 世纪中期，书籍装订工艺进一步发展，出现了精美的石版画和镶嵌等技术。此时期由于手工制造的限制，学术书籍数量较少但装帧非常精美，商业装订则呈现出更为实用的特点。

（四）18 世纪末到 19 世纪末，机器印刷技术被广泛采用，然而装帧仍然是纯手工艺，手工装裱技术也因此变得更为精细，例如一些镶嵌的装帧形式，这些风格使得书籍整体更具美观。

（五）20 世纪中期，印刷技术得到了很大的改进，这使得制作出更高质量、更漂亮的书籍成为可能。新技术的采用，如磨砂、液体冷银、热压镶嵌和冷镶嵌等，使得装帧的整体外观更加优美。

（六）随着新技术的出现，手工装裱进入艺术领域，许多书籍装帧工匠利用手工裱糊、装饰和手绘装帧让书籍更加美观。现代手工装裱技术的不断发展，使得书籍装帧变得更加富有创意，更体现个性化。

第四节　版画

一、版画

中国是版画艺术的发祥地，早在汉代就出现了用版画漏印法在织物上进行制作的工艺布版画。版画在古代常用来制作插图、年画、笺谱、画谱等。木刻水印是中国最具有代表性的一种版画制作方式，清代以后石版、铜版、丝网版等制版材质传入中国，结合油印技术，极大地丰富了中国版画的形式和内容。

石版画属于平版画，起源于 18 世纪末的德国，是由石印术发展而来的。清光绪二年（1876），石版画作为一种印刷术流入我国。

铜版画也称蚀刻版画、铜刻版画、铜蚀版画、腐蚀版画，是一种在金属版上用腐蚀液腐蚀或直接用针或刀刻制而成的一种版画。铜版画起源于欧洲，在清乾隆时期传入中国。乾隆皇帝就曾经下令为征战有功的将领和有名的战役制作铜版画。

丝网版画也称“孔版画”“漏版画”，以制作快捷、经济，大小灵活，便于制作和印刷而受到社会的广泛欢迎。

二、木刻水印

木刻水印，也称为“木版水印”，是中国传统的刻板印刷方法之一，主要用来复制水墨画、彩墨画和绢画等手迹艺术品。印刷的成品，能保持原作的风格并达到乱真的效果，被誉为“再创造的艺术”。中国传统木刻雕版印刷技术始于唐，兴于宋，历经元、明、清，迄今约有 1200 年的历史。唐咸通九年（868）《金刚般若波罗蜜经》的扉页画，是现存最早的中国木刻版画，而后人们更追求纸、墨、印三者的完美融合，从而催生出彩色版画艺术。

雕版套色印刷技术自元代开始出现，到明代达到巅峰，尤其是在《萝轩变古笺谱》和《十竹斋笺谱》的刻印过程中，将饾版和拱花技艺完美结合，使雕版套色印刷达到了巅峰。

饾版名称来源于“饾饤”，是一种古时祭祀用的五色小饼，因其版面的堆砌拼凑方式和各异的色彩与分色套印的木版相似而得名。

饾版制作细致复杂，其制作方法为：先色描全画，然后依画的本身分成几部，称为“摘套”。一幅画往往要刻几块甚至几十块版子，把一朵花或一片叶子分出颜色深浅、阴阳向背，看起来类似北宋的没骨画法。

饾版印刷技艺的流程是：先根据图画颜色的深浅浓淡、阴阳向背等进行分色，按不同的色调分别勾画在纸上，然后再将勾画的纸覆在木版上，各刻一小块版，再依色调由浅至深、由大至小一一套印或叠印。

拱花是我国一种不着墨的雕版印刷方法，以凸出的线条来表现花纹，衬托画中的行云流水、花卉虫鱼，使画面更富神韵。

拱花印刷技艺的流程是：将小块版雕成凹版，将官纸浸湿，使印成的花纹凸显出来，形成无色的浅浮雕效果图形，因图形拱起而得名。

三、版本鉴赏之《湖山胜概》

《湖山胜概》由明代杭州文人陈昌锡编辑，湖为西湖，山是吴山。全书采取了诗、书、画三者结合的设计形式，图文并茂地展现了杭州吴山的十大景致，包括 12 面四色套印插图和 33 面用书法体刻成的相关诗歌，诗词用楷、行、草三种不同书体写成。图画中的主色调为浅靛蓝色，主要用于勾勒绘画边缘或为山石上色，覆以橙红色、棕色、赭色及黑色，画面艳丽而柔和。明万历年间的彩色套印本《湖山胜概》为传世孤本，现藏于法国国家图书馆。这部书由法国收藏家 Lieure 先生 20 世纪初从中国购得，后于 1943 年卖给了法国国家图书馆。

附 中华版本传世工程概况

一、国家版本馆的使命与定位

版本作为文化载体，是人类文明的智慧成果，是文化传承的金种子。版本传承、版本安全是文化传承、文化安全的重要方面，事关中华文明传承与发展，事关文化强国建设和民族复兴大业。中华版本传世工程以国家版本馆为主体打造中华版本保藏传承体系，以一个中央总馆和位于杭州、西安、广州的三个具备灾备功能的分馆为实体依托，共同承担中华文化基因种子库和版本资源灾备中心的重任。

中国国家版本馆主要承担国家版本资源规划协调、普查征集、典藏展示、研究交流和宣传使用职责。2023 年 6 月 1 日习近平总书记在考察中央总馆时说："我十分关心中华文明历经沧桑流传下来的这些宝贵的典籍版本。建设中国国家版本馆是我非常关注、亲自批准的项目，初心宗旨是在我们这个历史阶段，把自古以来能收集到的典籍资料收集全、保护好，把世界上唯一没有中断的文明继续传承下去。盛世修文，我们这个时代，国家繁荣、社会平安稳定，有传承民族文化的意愿和能力，要把这件大事办好。"①

国家版本馆的主要任务就是收藏，要以收藏为主业，加强历史典籍版本的收集，分级分类保护好。同时，要加强对收藏的研究，以便更好地做好典籍版本收藏工作。总之，建设中国国家版本馆，是文明大国建设的基础工程，是功在当代、利在千秋的标志性文化

① 《习近平在文化传承发展座谈会上强调：担负起新的文化使命　努力建设中华民族现代文明》，《人民日报》2023 年 6 月 3 日，第 1 版。

工程，充分体现了我们党传承发展中华文化的高度自觉、汲取历史智慧更好走向未来的历史主动。

二、国家版本馆的体系与特色

中国国家版本馆由中央总馆文瀚阁、西安分馆文济阁、杭州分馆文润阁、广州分馆文沁阁组成。中国国家版本馆作为新时代的国家文化殿堂，建设工作紧紧围绕“传世工程”定位，总分馆分别选址北京燕山、西安秦岭圭峰山、杭州良渚荀山、广州从化凤凰山，各馆均设置了展示区、保藏区、洞藏区、交流区等区域。

在建筑设计上，各馆力求突出文化性、传承性、标识性。其中，中央总馆整体建筑秉承明清建筑风格，西安分馆整体建筑和室内设计充分体现汉唐雄风，杭州分馆围绕具有宋代园林神韵的当代藏书建筑展开，广州分馆四周环绕人文与自然交融的岭南园林。“一总三分”凸显大国风貌、汉唐风韵、江南宋韵、岭南新韵，集中展现中华文化源远流长。

三、杭州国家版本馆的功能与职责

杭州国家版本馆是承担以版本收藏、保护为主要任务的中华版本保藏“一总三分”体系的重要组成部分，是中国国家版本馆中央总馆异地灾备库、江南特色版本库及华东地区版本资源聚集中心。

杭州国家版本馆的工作主要是聚焦版本收藏保护、保藏研究、转化利用、普及推广等各项工作全面开局起步。

杭州国家版本馆的主要任务包括：建设具有浙江标识、江南特色的藏品体系，重点征集版刻版印、写本文献、革命文献、文献集成等四大类版本，并根据征集版本的类型、材质和级别，分级分类进行保藏，必要的开展修复维护。重视学术课题研究，出版《文化交流·版本研究》馆刊，坚持“学术立馆”。打造有专业性与影响力的展览陈列，建立具有江南韵味、版本特色的展览陈列体系和品牌。建立版本、版本馆、版本人知识、故事普及宣传平台。打造智慧场馆，支撑版本保藏，实现展览空间的物信融合和交互体验。

四、杭州国家版本馆的“宋韵”建筑

杭州国家版本馆选址在世界文化遗产——良渚古城遗址之侧，占地 150 亩，总建筑面积 10 万平方米。整体建筑主要体现“宋韵”园林建筑风格，设计围绕“宋代园林神韵的当代藏书建筑”展开，意在彰显宋韵建筑之美。馆区因地制宜，随山就势、疏密有致的整体布局，突出江南色彩、宋韵元素、浙江特色。

杭州国家版本馆主要有以下建筑特色：

一是青瓷屏扇。利用创新工艺，使用了约 7 万片龙泉青瓷片，通过程序可以控制其配合使用场景以任意角度开合，是国内首创。

二是木纹 / 竹纹清水混凝土。所有清水混凝土均一次性浇筑成型，浇筑质量和效果稳居国内前列、堪称全国样板。

三是夯土墙。其设计意在与不远处的良渚文化遗址遥相呼应，是最具中国本土特色的施工做法。

四是钢木结构。首创了超 20 米大跨度的钢木结构，充分展现了天然材料的独特质感，更体现了宋人本真、雅致的审美意趣。

五是青铜双曲屋面。这一设计是基于宋代单曲面屋顶基础上的现代表达，反映宋画中天人合一的美学意境。

附录一

浙江老年电视大学简介

浙江老年电视大学成立于1998年，由省老龄委举办成立，现隶属于浙江省民政厅。2019年经省编办批复，与省老年活动中心整合，成立浙江省老年活动中心（浙江老年电视大学、浙江省老龄文艺大学）。

浙江老年电视大学是一所“没有围墙的大学”。办学以来，始终贯彻“增长知识，丰富生活，陶冶情操，促进健康，服务社会”的办学宗旨，坚持“学无止境，乐在其中”的办学理念，以电视教学为主，并通过网络点播、华数定制频道、微信公众号、讲师团送课等各种形式开展老年教育。

学校开设有身心健康、家庭和谐、社会交往、快乐休闲、文化修养等方面课程，邀请浙江省内高等院校、医院、科研院所的专家授课。讲课内容通俗易懂，采用案例化教学，实用性、科学性强。每年分春、秋季学期，每个学期有2门电视课程。学习结束经考查合格累计达到8门课程，颁发“浙江老年电视大学毕业证书”。

老年电视大学面向全社会老年人招生。社会和农村老人到当地的社区（村）教学点或基层老龄组织报名；各地离退休干部、职工可到系统或部门建立的教学点报名，也可就近就便到住所地教学点报名。老年学员可根据自己的需求爱好，选择居家收视学习或教学点集中收视学习。

浙江老年电视大学联系地址：杭州市环城西路31号（310006）

联系电话：0571-87052145　87053091

电子邮箱：60edu.mzt@zj.gov.cn

附录二

2024年秋季学期教学计划

《走近版本之江南篇》共15讲，分15周播出，具体安排：

日　期		课　次	教学时间
周五（首播）	周六（重播）		
2024年9月13日	2024年9月14日	第一讲	8：30—9：00
2024年9月20日	2024年9月21日	第二讲	8：30—9：00
2024年9月27日	2024年9月28日	第三讲	8：30—9：00
2024年10月4日	2024年10月5日	第四讲	8：30—9：00
2024年10月11日	2024年10月12日	第五讲	8：30—9：00
2024年10月18日	2024年10月19日	第六讲	8：30—9：00
2024年10月25日	2024年10月26日	第七讲	8：30—9：00
2024年11月1日	2024年11月2日	第八讲	8：30—9：00
2024年11月8日	2024年11月9日	第九讲	8：30—9：00
2024年11月15日	2024年11月16日	第十讲	8：30—9：00
2024年11月22日	2024年11月23日	第十一讲	8：30—9：00
2024年11月29日	2024年11月30日	第十二讲	8：30—9：00
2024年12月6日	2024年12月7日	第十三讲	8：30—9：00
2024年12月13日	2024年12月14日	第十四讲	8：30—9：00
2024年12月20日	2024年12月21日	第十五讲	8：30—9：00

①本课程由浙江电视台新闻频道播出。②本课程同时在浙江省老年活动中心网站（www.zj-ln.cn）、微信公众号（zjllwydx）、华数电视浙江省老年活动中心远程教育学院定制频道提供视频下载或点播学习。